子どもと家庭を包み込む
地域づくり

教育と福祉のホリスティックな支援

谷川至孝・岩槻知也
編著

幸重忠孝・村井琢哉
鈴木友一郎・岡本工介
著

晃洋書房

目　次

第I部 地域の取り組み

第Ⅱ部 ボランタリー組織の取り組み

終章　「ケア」が息づく地域づくり

はじめに
――今，なぜ「包括的な支援の地域づくり」なのか――

1．子どもたちの抱える複合的な課題

阪神大震災や東北の大震災を経験してつくづく思ったことは，「被災は分け隔てないが復興は不平等」ということだった．被災の痛みは社会的弱者により強く与えられ，そこからの立ち直りもより困難な道のりとなる．

2021年5月GW，緊急事態宣言下でこの原稿を執筆している．一年前，同じ状況を一年後にも迎えようとは思いもよらなかった．2020年2月27日，安倍首相（当時）は3月2日から，全国の小・中・高校，特別支援学校を臨時休業にするよう要請した．学校を臨時休業とする権限は首相にはなかったが，結果的には学校のほとんどが休校となった．この我が国の学校教育史上初めての出来事からも多くのことに気づかされる．その第一は，学校は教育機能だけではなく子どもの「居場所」という福祉機能も担っていたこと．第二に，その学校の居場所機能がなくなれば，様々な理由で家に居場所のない子どもがたちまち窮地に立たされること．第三に，休校により子どもの家庭環境，経済環境によって学力格差等様々な格差が生じること．そして，第四に，このような事態に対し，地域のボランタリー組織や子ども食堂，市民がいち早く対応したこと．例えば，本書の執筆者の一人である幸重が運営するこどもソーシャルワークセンターは，ひとり親家庭の子どもなどを中心に，大津市子ども家庭相談室と連携して子どもたちを平日毎日受け入れた．つまり地域が重要な教育・福祉機能を提供できること．

貧困，虐待，不登校，いじめ，障がい等，今日，複雑で多様な課題を抱えて生活している子どもは少なくない．こうした子どもたちが抱える困難は，このように緊急時に増幅され発出されるが，普段はなんとか取り繕われ覆い隠され

ている．そのようないっぱいいっぱいな日常を社会は見て見ぬふりをしている．そして，それらの課題は学校の中だけで，教育という営みだけで解決できるものでもない．言わずもがなのことだが，子どもの貧困の原因は親の貧困にあり，また虐待の加害者は親であり，したがってこれらの課題の根本的な解決のためには，子どもとその家庭をまるごと支援する，多様でホリスティックなアプローチが必要である．

2015年末の中央教育審議会答申「チームとしての学校の在り方と今後の改善方策について」はそのような子どもたちの状況を背景として答申された[1]．そして，その答申の目玉の一つは学校へのスクールソーシャルワーカーの導入であった．このことは，元来福祉職であるソーシャルワーカーを学校に配置することにより，学校は教育機能だけではなく，福祉機能も担う組織として改めて制度的に位置付けられたと言える．また，スクールソーシャルワーカーは学校と地域の諸機関をつなぐことが基本的な仕事の一つであるから，必然的にチーム学校は地域をフィールドとした取り組みともなる．つまり，学校と地域が持つ福祉機能を結びつけ，子どもとその家庭をホリスティック（包括的）に支援する取り組みとなる．

以上のとおり「複雑で多様な課題を抱える子どもたち」の支援を行うには，「教育と福祉の連携」，「地域諸機関の連携」，「子どもとその家庭へのホリスティックな支援」，「地域づくり」といった取り組みが基本的に必要である．

2．世界共通の課題としての地域づくり

（1）学校での福祉的な取り組み
――日英における歴史的な相違――

筆者は長らく英国をフィールドとした研究に取り組んできた[2]．英国研究者ならばおそらく誰もが知っている用語に pastoral care がある． この用語に関わって『イギリスの教育と福祉』（1983）の翻訳者は次のとおり解説している．1965年以来，労働党政府によって中等学校の総合制化が強力に推し進められた．これは，11歳で試験を行い，子どもたちを格差的に三種類の学校に振り分けてきた三分枝制の中等学校制度[3]から，多様な生徒を一つの学校で受け入れる総合

制中等学校制度へと変更するものであった．しかし，新しく誕生した総合制中等学校では，「『学力』差はますます拡がり，『落ちこぼれ』の大量化，非行・暴力の増大，無気力・無関心，性的頽廃は深刻さを増していく」（ジョンソン編 1983：2）．そうした中で，「とにもかくにも福祉的な機能を学校は引き受けざるを」（同：3）得なくなり，そこで，他の福祉機関との協力＝協働関係が追及されていく．「ここに pastoral care が位置づいてくる」（同：3）．pastoral care はこのように登場し，「1965年を前後として学校がその機能として取り組まなければならなかった生徒への福祉の諸機能を総称」（同：3）する，と解説される．

こうしたパストラル・ケアの背景は英国特有のものであり，この翻訳本を通読すると，「教育と福祉の連携」に関わる日英の違いが理解できる．英国では例えば，① 学内では，教師だけではなく多様な職種がパストラル・ケアを担ってきた．例えば，学校カウンセラー，教育福祉官 education welfare officer である．② 学校カウンセラーは，子どものカウンセリングだけではなく，教師と教育福祉官や地域機関との橋渡しも行う．家庭訪問はしないが学校での親との話し合いも行う．③ 教育福祉官は，地方教育当局に属し，1944年教育法に基づき設置されたが，その前身は1870年の初等教育法による訪問督学官 school attendance visitor に遡る．したがって，教育福祉官には無断欠席のケースを扱う職務がまずあり，加えて子どもの福祉にソーシャルワーカー的に関わり，学校と地域機関との橋渡しや学校から情報を得つつ家庭訪問も行う．④ 教員は基本的には家庭訪問は行わない．このように，教育福祉官も学校カウンセラーも，名称は我が国のスクールソーシャルワーカーとスクールカウンセラーに似通っているが，その歴史や仕事ぶりは異なる．

この違いは教員も同様である．戦後我が国の学校や教師は子どもの学校での学力保障だけではなく，子どもの生活や福祉にも深く関わって，まさしく教師が子どものすべてを抱え込んで活動してきた．そこでは，教員が地域の福祉機関と連携するという発想は乏しかった．

（2）現代における世界共通の課題
——福祉国家の行き詰まりと地域福祉への注目——

教育と福祉の連携に関わって，我が国と英国では，このような学校レベルの背景・取り組みの違いは小さくはない．しかし，広い視野でみると，今日両国が置かれている国家・社会状況とそこに生きる子どもたちの状況は，次のとおり共通に認識することができる．

1970年代末頃から「福祉国家の危機」が社会科学の流行テーマとなった．市場経済のグローバル化によって，一国内での富の再分配を行うケインズ主義的福祉国家のシステムが機能しなくなってきたのである．この福祉国家の行き詰まりに対し，1980年代に対案を提示し実行したのはサッチャー（英国），レーガン（米国），中曽根といったニューライトの政治家達であった．しかし，ニューライトの政治は，規制緩和，自由競争，自助努力等を政治理念とし，その結果格差や貧困を増幅させ，社会的排除を進行させた．今日の子どもの貧困や虐待，孤立はこの国家・社会状況の中で生じている．本書はこの世界的に共通した国家・社会状況の中で，換言すればポスト福祉国家におけるニューライトのオルタナティブが必要とされる中で，「複雑で多様な課題を抱える子どもたち」への支援を考える．

神野直彦（2018）は次のとおり論じる．戦後，先進諸国が目指した福祉国家体制の下で，公式化された社会福祉は国家福祉を基軸としていた．しかし，この国家福祉は租税と現金給付を基軸としており，それによる所得再分配は国家という境界を管理していなければ実現できない．したがって，資本が国境を越えて自由に動き回るようになったとき（つまりグローバル化），福祉国家は行き詰まる．その状況下で，神野はポスト福祉国家のシナリオには二つの道があるという．一つは「政策化」された社会福祉を縮小していくという新自由主義（ニューライト）の描くシナリオであり，もう一つは地域福祉の「政策化」である．そして後者を次のとおり説明する．地域福祉には二つある．一つは「相互扶助や共同作業という共同体人間関係による非公式の地域福祉」（神野 2018：21）であり，もう一つは地方自治体が担う公式化された「制度」としての地域福祉である．「地域福祉の政策化」とは，非公式の地域福祉（前者）を公式化された地域福祉（後者）に転換することである．

同様に広井良典（2017）も次のとおり述べる．19世紀以降の工業化の中で，「『共』的な原理（コミュニティ），『公』的な原理（政府），『私』的な原理（市場）のいずれもがナショナル・レベル（＝国家）に集約されていった」（広井 2017：35）．しかし，1970年代・80年代ごろから，「あらゆる国境ないし境界を越えた『世界市場』が成立し」（同：36），「すべてが『世界市場』に収斂し，それが支配的な存在となる」（同）．そのような時代状況において，これからの時代の一つの方向が「福祉をローカル・コミュニティに返していく」（同：68）ことである．

（3）本書のアプローチ・特徴

本書の課題

以上より，本書では「複雑で多様な課題を抱える子どもたち」の支援を以下の枠組みで考える．教育機関や福祉機関をはじめとする地域の様々な機関の連携，そこに地域住民を巻き込んだ地域づくり，そうした取り組みによって，子どもとその家庭をホリスティックに支援する．そのような取り組みを行っている地域を具体的に取り上げ，その取り組みの意義と課題を実証的に検討する．その際，以下の点にも留意したい．① 学校は地域の中の重要な機関ではあるが，あくまでも地域を構成する一機関として捉える．② 地域づくりではボランタリー組織が核となる役割を果たしうる．そのボランタリー組織に着目する．

本書の構成

まず，序章では，ポスト福祉国家における福祉システムの再構築＝教育と福祉が連携した地域づくり，について，その分析の視点を明確にする．そのために，英国サッチャー政権以降とりわけ労働党政権における英国での取り組みと，我が国における「チーム学校」及び「『我が事・丸ごと』地域共生社会」の取り組みを比較検討する．

続いて本書は二部構成をとっている．第Ⅰ部は先進的に「子どもとその家庭をホリスティックに支援する」取り組みを展開している地域を取り上げ，その全体像を描くとともに，その地域づくりの仕組みや先導的な機関（アクター），原動力といった，地域づくりの「ガバナンス」に関心をむけている．したがって，取り上げた地域は「ガバナンス」に特徴のある地域である．

一方第Ⅱ部は，実際に地域づくりに取り組んでいるボランタリー組織の活動に関心をむけている．執筆もボランタリー組織で核となって取り組んでいる実践家が行っている．そこでは，そのボランタリー組織のミッションや取り組み，外部からはなかなか見ることの難しい地域づくりの内実といった，地域づくりやボランタリー組織の活動のリアリティを描くことを目指している．

各章のポイント

第Ⅰ部　各地域の取り組み

第1章　沖縄県（特徴：内閣府の補助金を基盤とした取り組み）

「子どもの貧困対策」として2016年より年間10億円余りの補助金が内閣府から沖縄県に支出されており，その事業内容も子どもの居場所づくりとソーシャルワーカーの配置と定められている．このように中央政府の主導性が強く認められ，その枠の中で，沖縄県が市町村に対し事業を募集し，市町村が事業計画を作成して申請し実施している．

第2章　滋賀県（特徴：社会福祉協議会を中心とした取り組み）

2014年9月に民間社会福祉関係者を中心とする会員制の任意団体「滋賀の縁創造センター」が，地域づくりを目指して5年間の有期の組織として立ち上げられた．設立時に社会福祉協議会（以下，社協）会費や県からの交付金等で約1億円の基金が作られている．その内県社協が3000万円を拠出し，さらに県社協はスタッフを配置し事務局も担った．

執筆は，滋賀県大津市でNPO法人を立ち上げ子ども支援に取り組み，「滋賀の縁創造センター」でも核の一人となって活動した幸重忠孝が担当する．

第3章　明石市（特徴：首長の政策展開に基づく地域づくり）

泉房穂氏（現明石市市長）が市長となったのは2011年，以降「こどもを核としたまちづくり」をかかげ，これまで数多くの子ども家庭福祉施策を実施してきた．ここで特筆すべきはサービスの受給者を選別することなく普遍的に給付することにより，子ども家庭福祉政策の充実→子育て世帯の転入→税収増→政策の充実という好循環をみとおした政策設計・展開を行っている点にある．

第4章　大阪市西成区（特徴：ボランタリーセクターの伝統的な活動）

全国有数のドヤ街「釜ヶ崎」の存在が西成区の特色を生み出してきたが，釜ヶ崎で課題を抱えてきたのは大人たちだけではなかった．1960年には約200名の不就学児が生活しており，そして，多くのボランタリー組織が子どもたちの支援に取り組んできた．このようなボランタリーセクターの活動が行政を巻き込む形で地域づくりがすすんでいる．

第Ⅱ部　ボランタリー組織の取り組み

第5章　山科醍醐こどものひろば（京都市山科区・伏見区醍醐地域）

「やましな醍醐こどもの広場」は「山科醍醐親と子の劇場」として1980年に「京都親と子の劇場」から独立して発足した．その後，1999年末に，会員制から地域に住むすべての子どもたちを対象とする「山科醍醐こどものひろば」となり，子どもの育ちの環境づくりに取り組んでいる．地域づくりへの意識も高く，HP では，「『子どもだけでなく』，『子どもの活動から』より『地域の活性』や『地域の連携』を意識し，『子どもと地域』の豊かな発展に寄与できる活動に取り組む」と記している．執筆は同 NPO 法人理事長 村井琢哉が担当する．

第6章　ももやま子ども食堂（沖縄県沖縄市）

沖縄市は，内閣府の沖縄貧困対策事業の補助金を那覇市に次いで二番目に多く受けている．NPO ももやま子ども食堂は2015年5月に沖縄県内で初めて子ども食堂をスタートさせた．そして内閣府の事業の開始に伴い，2016年10月より子ども食堂とトワイライトステイ事業に取り組んでいる．

本章の執筆は同 NPO 事務局長 鈴木友一郎が担当する．鈴木は沖縄県子どもの貧困対策有識者会議の構成員でもある．

第7章　こどもソーシャルワークセンター（滋賀県大津市）

子どもソーシャルワークセンターは，長らく「山科醍醐こどものひろば」で活動してきた幸重忠孝が2016年に拠点を大津市へと移して，子どもの居場所事業に取り組んでいる NPO 法人である．また，第2章で取り上げた縁創造実践センターの行う子どもの居場所づくりの立ち上げ支援にも取り組んできた．執筆は幸重忠孝が担当している．

第8章　タウンスペース WAKWAK（大阪府高槻市）

WAKWAK は高槻市の富田地域にあり，この地域は1962年度より公営住宅が建てられ始め，様々な社会的課題を抱えた人々が多く住む地域である．1994年から「子ども・女性・高齢者・障がい者の人権ネットワーク」が富田地域を中心に「新たな福祉と人権・協働のまちづくり」に取り組んできており，それを母体に2012年 WAKWAK が設立された．このように WAKWAK は設立当初から様々な人々を包み込む「まちづくり」を目指す組織であるが，現在では子どもの貧困に関わる事業を充実させている．執筆は同法人事務局長 岡本工介が担当する．

終章　「ケア」が息づく地域づくり（ケアリングコミュニティ）

社会教育には「人と人とのつながり」をつくり出す力がある，という認識を基盤に，本書を貫くキーワードである「コミュニティ」と「ソーシャル・キャピタル」という用語を検討し，それをもとに改めて「地域づくり」（研究）の意義を論じる．そして，地域づくりの具体的な理念として，「ケアリングコミュニティ」を論じ，その事例として長野県茅野市を検討している．

註

1）　本答申のもう一つの背景は，OECD が指摘した教員の多忙化である．
2）　近著，谷川至孝（2018）『英国労働党の教育政策「第三の道」――教育と福祉の連携』（世織書房）．
3）　1944年教育法のもと，子どもたちは11歳で試験を受け，アカデミックな学習に向けられたグラマー・スクール，商業や工業向きのテクニカル・スクール，高等教育を目指さないモダン・スクールの3種類の学校にふり分けられた．

引用・参考文献

神野直彦（2018）「地域福祉の『政策化』の検証――日本型福祉社会論から地域共生社会まで」『社会福祉研究』132号．
ジョンソン，ダフネ編，岩橋法雄・福知栄子他訳（1983）『イギリスの教育と福祉』法律文化社．
広井良典（2017）「なぜいま福祉の哲学か」広井良典編『福祉の哲学とは何か――ポスト成長時代の幸福・価値・社会構想』ミネルヴァ書房．

（谷川至孝）

序　章

地域づくりを考える際の視点

――日英比較から――

本章では，英国労働党の地域再生政策を検討し，我が国における「複雑で多様な課題を抱える子どもたち」を支援する地域づくりを考える際の視点を提示したい．

1．英国における地域再生政策の中の教育

英国の地域再生政策の展開

【労働党政権】

1969年　アーバンプログラム

- 分野横断的地域再生プログラムの先駆け

【保守党政権】

1980年　地方自治・計画・土地法

- 不動産開発中心の民間企業を主体とした経済政策

1991年　シティチャレンジ

- 衰退地域を対象とした補助金制度，競争入札制度
- 地域再生のためのパートナーシップ組織の設置を義務付け

1994年　単一再生予算＝分野横断的・包括的プログラム

- 予算の統合→省庁横断的取り組み joined-up government
- 社会・経済的課題への総合的取り組み

【労働党政権】

1999年　コミュニティのためのニューディール

- パートナーシップ組織の設置を義務付け，その組織が計画作成・実施
- 競争入札ではなく荒廃指数に基づく地域選定

2000年　地方自治法改正

- 自治体に地域戦略パートナーシップ（LSP）（＝パートナーシップ組織）の設置を要請

2001年　近隣再生の方針―全国活動プラン
- 近隣地域再生資金（NRF）の導入→自治体がNRFを受給するにはLSPの設置が必要

2004年　地域協定導入
- 中央からの補助金を中央政府と地方自治体，LSPが協議し受給する仕組み

（1）保守党政権における地域再生政策

グローバル化が進行する中で，英国の地域再生政策は以下のような経緯を経て「複雑で多様な課題を抱える子どもたち」を支援する地域づくりとして意味づけされていく．

1960年代末から，都市部の経済的衰退が失業，貧困等深刻な社会問題として認識されるようになり，アーバンプログラム Urban Programme 等，都市再生プログラムが開始されるようになった．アーバンプログラムは1969年第一次ウィルソン労働党政権により創設され，社会福祉の充実や雇用対策に比重をおいた．これが「‘地域’を対象とした分野横断的な施策展開を目指す，エリア・ベースド・イニシアティブ（Area Based Initiative）」（今井 2005：159）の先駆けとされる．

サッチャー政権（1979-1990）でもアーバンプログラムは継承されたが，1980年代の地域再生の重点は，次のような「不動産開発と市場メカニズムの活用を中心に据えた」（永田 2011：91）民間企業を主体とした経済政策優先の開発へと移っていく．まず，1980年「地方自治・計画・土地法」Local Government, Planning and Land Act に基づき，特定の地域を対象として都市開発公社が設立される．そこでは，公社の人事・予算・開発計画を中央政府がトップダウンで決め，公社は遊休地を買い上げ，開発計画に基づきインフラ整備を行い，その整備した土地を民間業者に売却する手法がとられた．このようにして地域が経済発展すれば地域住民にも「トリクル・ダウン」されるというものであった．しかし，こうした政策は，住民や自治体の軽視が批判されただけではなく，「衰退地域にはほとんど効果を与えることができなかったといわれる」（金川 2008：122）．

サッチャー辞任後，同じ保守党内で政権を引き継いだメージャー首相（1990-1997）は，サッチャーリズムを継承しつつ，次の労働党政権にも受け継がれる地域再生政策の手法を展開する．それが，1991年に創設されたシティチャレンジ（city challenge）とよばれる衰退地域を対象とした補助金制度であった．この制度の特徴は，第一に，パートナーシップ組織の設置が義務付けられたことである．これは「公的・民間セクターに加えて，ボランタリーセクター，地域住民に及ぶ広範なパートナーシップを地域再生政策の事業主体として位置付けた最初の取り組み」（西村 2007：47）であった[1]．第二に，対象地域の決定は，この組織の申請による競争入札制度によって行われた．ここに，サッチャー政権の市場メカニズムも反映されていた．

このシティチャレンジは1994年で終了し，単一再生予算 single regeneration budgets とよばれる地域再生プログラムに引き継がれる．これは，５省庁20事業の地域再生関連予算を統合したものであり，パートナーシップの義務付けと競争入札という特徴に加えて[2]，分野横断的・包括的なプログラムという特徴を持つ．これは，中央省庁の関連部局が横断的に連携する連結型政府 joined-up government という労働党時代に顕著となる特徴の先駆けであった．さらに，この単一再生予算の導入によって，「経済的開発に特化した地域再生よりも，社会的問題を含め社会・経済的課題の解決に総合的に取り組む地域再生へと転換が図られた」（西村 2007：48）と評価されていることも忘れてはならない．そして，そこには「教育」も含まれていくこととなる．

（2）労働党政権における地域再生政策と教育

政権交代を果たした労働党ブレア首相は，就任早々の1997年12月，内閣府に社会的排除対策室 Social Exclusion Unit を設置し，貧困と社会的排除に積極的に取り組んでいく．その政策の一つが地域再生政策[3]であり，この地域再生政策には，包括的な地域再生プログラムと特定のテーマに限定したプログラムがある．

包括的な地域再生プログラム

前保守党メージャー政権で導入された単一再生予算は2002年まで継続される

一方，労働党は1999年に「コミュニティのためのニューディール」資金New Deal for Communities（NDC）を導入する．NDCの特徴は，① 対象エリアがより小地域（1000～4000世帯），② 次の五つの共通重点課題の克服に取り組まなければならない．失業，犯罪，健康，教育（成績不振），住宅及び物理的環境，③ 10年間という長期にわたり総額20億ポンドと莫大な資金が投入される．④ 対象地域の選定は入札ではなく荒廃指数に基づく．⑤ 対象地域では，自治体や地方教育当局，警察その他関係諸機関，ボランタリー組織，住民等からなるパートナーシップ組織を設立しなければならない．その組織が予算を受給し，実施計画を立て，プログラムを実施する（金川 2008：7章，永田 2011：3章，自治体国際化協会 2004，等参照）．

このパートナーシップ制度をさらに整備したものが，地域戦略パートナーシップLocal Strategic Partnership（LSP）である．これは2000年の地方自治法Local Government Act 2000の改正によって，2001年に設置が始まった．この組織は法定化された組織ではないが，地域を再生するコミュニティ戦略の策定，資金計画，パートナー組織の連結などの中核的な役割と権限を持つ組織として，各地方自治体に設置が要請された．そこでは，地方政府，警察，消防，医療サービス等の公共機関，医療・福祉・住宅・教育・雇用等のボランタリー組織，民間営利セクターが参加し，包括的なパートナーシップ＝多機関協働が形成された．ただし，LSPは法人格をもたず直接に契約を結ぶことはできない．また直接事業を行う組織ではない．

この流れの中で，2001年に，地域再生の国家の基本方針「近隣再生の方針：全国活動プラン」A New Commitment Neighbourhood Renewal: National Strategy Action Planが策定され，ここでは「あらためて近隣再生政策とは，社会的排除を雇用，犯罪，健康，技能，住宅，環境といった一連の問題が複合的に表れた形態として理解」（永田 2011：103）された．そして，その中核となる政策として，近隣地域再生資金Neighbourhood Renewal Fund（NRF）が，入札ではなく荒廃指数に基づき，イングランドの88の地域に交付され，LSPを支える主要な補助金となった．それは，「集中的な財政支援を行うことを通じて，貧困の改善や犯罪の減少を目指すとともに，医療，教育分野等における不平等の是正を図ろうとする幅広い取り組み」（自治体国際化協会 2004：37）であった.

このNRFは2001年から2007年まで自治体に交付され，総額30億ポンドとさらに大型の補助金であった．自治体にとって自由に使える資金であったが，自治体はNRFの使用計画書を策定しLSPと合意しなければならず，つまり，NRFの交付を受けるためにはLSPの設置が義務付けられた.

さらに，2004年から地域協定Local Area Agreementという仕組みが導入され，2007年度以降イングランドのすべての自治体が締結することになった．地域協定は「単純化すれば地域再生に関係した各省庁の複数の補助金を統合化し，その使途を地域の多様な主体と中央政府が協議して決定するという仕組みである．……その交渉は地方自治体が単独で行うのではなく，地域の多様な機関の総意として行わなければならない」(永田 2011：122)．これにより地方自治体とLSPが地域を代表して協議にあたり，結果としてイングランドのすべての地域がLSPを設置した.

こうした変更によって，NRFが交付されなかった場合も含めて，すべての地方自治体・LSPに中央政府から資金が支給されることとなった[4)] (西村 2007：53-56)．こうして，当初は貧困地域に特化された地域再生政策が，普遍的な地域再生政策へと発展した．また，地域協定では，○子どもと青少年，○安全でたくましいコミュニティ，○健全なコミュニティと高齢者，○経済開発と事業の4分野ごとに関連予算がまとめられ，アウトカム指標が定められ，業績評価等が行われた (金川 2008：56-58).

さて，以上の政策に共通した特徴は，第一に既存の行政組織とは別に，地域の組織・住民で構成されるパートナーシップ組織が新たに設けられ，ガバナンスに当たっていることである．このパートナーシップ組織は，民主主義の民主化を進展させるだけではなく，地域のニーズに根差したサービスの改善にも貢献する．第二に，まずは地域を特定した特別な予算が集中的，時限的に提供されていること，第三に，そこにとどまらず普遍的な政策へと進展していることである.

テーマ別地域再生プログラム

テーマ別の地域再生プログラムとしては，「確かな出発」Sure Start，健康改善推進地域 Health Action Zones（1998年開始，指定数26），雇用改善推進地域 Employment Zones（2000年開始，同15），教育改善推進地域 Education Action Zones（EAZ）等がある．ここでは，教育や子どもに直接関わる「確かな出発」と EAZ について述べる．

確かな出発

「確かな出発」は1999年に開始され，当初は250カ所の「確かな出発地域プログラム」Sure Start Local Programmes（SSLP）が創設された．４歳以下児童18万7000人，貧困児童18％を対象に，保健，教育等の社会サービスを統合的に提供するものであった．その後「乳母車を押していける」距離をスローガンに対象地域が決定されていき，500を超える地域計画が誕生した．

SSLP は地域の教育，保健，社会サービスに関わる営利・非営利の民間組織，親をバランスよく代表するパートナーシップ委員会 partnership board を立ち上げることから始まる．このパートナーシップ委員会が詳細なデータに基づき SSLP となる不利益地域を確定し，計画を立て中央政府に申請する．資金は直接 SSLP に提供され，自治体はパートナーシップ委員会に参加はしているが，SSLP のガバナンスはパートナーシップ委員会が担う．そもそも SSLP の範域は既存の行政区や地域境界と一致しないケースも多くあった．

SSLP に求められたコアサービスは，当初次のとおりであった．○アウトリーチと家庭訪問，○家庭への支援，○遊び，学習，保育への支援，○プライマリ・ケアと地域保健ケアの提供，児童保健・発達，家族保健へのアドバイス，○特別なサービスへのアクセスの支援を含む特別なニーズを持つ人々への支援．加えて，カウンセリング，雇用や給付のアドバイスなど地域ニーズに合った付加的なサービスの提供も可能であった（Belsky, J. *et al.*（ed.）2007：12-14；ベルスキー他編 2013：23-25）．

教育改善推進地域 EAZ

次に EAZ は1998年教育法で法制化され，困窮地域を対象に計73のゾーンが設定された．これら73の EAZ は計1444の学校を含み，おおよそ６％の学齢児童をカバーしていた．また，2001年９月より「都市の卓越性」Excellence in

Cities 政策の一環として小規模 EAZ が79指定された．EAZ は約20の学校（内２～３の中等学校）で構成される．参加学校，親，幼児教育提供者，企業，地方教育当局，ボランタリー組織，法定の機関（ユースサービス，保健衛生，警察）などにより構成されるフォーラム（Education Action Forum: EAF）がガバナンスにあたり，施策に責任を持つ．EAF で雇用するプロジェクト・ディレクターがアクション・プランや財政計画を立て，それらの執行にあたる．他の諸機関との協議・協働もプロジェクト・ディレクターの責任である．運営には国からの補助金及び民間からの寄付を得ることができる．ICT の利用，宿題センター，週末・放課後学習センター，家族を対象とするプログラムなどがその実施プログラムである（詳しくは，谷川（2018）８章参照）．

以上のとおり，SSLP と EAZ は先に指摘した三つの政策特徴のうち，多機関協働によるパートナーシップ組織の設立と，貧困地域を特定した特別な予算の提供という二つの共通した特徴を持つ．

すべての子どもを大切に ECM

そして，「すべての子どもを大切に」Every Child Matters（ECM）がこの二つの地域再生政策を引き継ぐ形で登場する．ECM は，2003年９月議会に提出され，その後2010年５月の政権交代まで，英国の子どもやその家庭に関わる政策の基盤をなした政策文書（緑書）である．ECM の中心施策は，０歳から就学までの子どもとその家庭を対象とする子どもセンター Children's Centres と就学児とその家庭を対象とする拡張学校 Extended Schools である．前者が SSLP を後者が EAZ を引き継ぐ役割を担う．そして，ボランタリー組織も含め地域の多様な機関が協力して，地域で子どもとその家庭を支援する，地域を基盤とした政策であることも変わりはない．しかし SSLP や EAZ と異なり，地域におけるガバナンスのための新たなパートナーシップ組織の設立が義務付けられているわけではない．また，子どもセンターも拡張学校も，貧困地域を優先して設置されたが，2010年までに前者はすべてのコミュニティへの設置，後者はすべての学校への設置が目指された．すなわち，貧困地域限定のコミュニティ政策から普遍的なコミュニティ政策へと発展した．もう一つ指摘しておくべきことは，ECM の推進にあわせて，中央では省庁の再編成が行われ，地方では地方教育当局が地方当局に統合され，子どもとその家庭に関わる様々な省庁，部署が協力して取り組む「連結型政府」が整備されたことである（谷川 2017；谷川 2018参照）.

2．我が国における地域づくりと教育

（1）「チーム学校」の文脈から

山野則子（社会福祉学）のチーム学校論

我が国において，教育と地域づくりとを連動させて捉える研究は，教育学の重要な研究テーマの一つであった[5)]．しかし，これまで見てきた英国におけるような，教育を地域の中の一つの機能と捉え，子どもに係る施策を教育政策の範疇を超えて総合的に視野におさめ，教育や福祉に関わる組織や関係者，住民が連携して地域づくりに取り組むという研究は見受けられなかった.

こうした状況にインパクトを与えた答申が，文部科学省（2015）「チームとしての学校の在り方と今後の改善方策について」である．先に述べたとおり，チーム学校が求められる背景の一つとして，「複雑化・多様化した課題を解決するための体制整備」が指摘され，「教職員が心理や福祉等の専門家や関係機関，地域と連携し，チームとして課題解決に取り組むこと」が強調された．さらに「学校を核とした地域づくり」にも触れられている．そしてその後「チーム学校」の議論が活発に展開された（谷川他 2017参照）．社会福祉学の山野則子はその議論をリードした一人である.

山野の議論の特徴は次のとおりである．第一に，以下の状況認識が基盤にある．就学前については乳幼児の健診システム等により，子どもを全数把握する仕組みが整っている．しかし，就学後はそれがなくなる，という認識である．そこで，就学後の全数把握を担う組織として学校に白羽の矢を立て，第二の特徴としての「学校プラットフォーム」論が論じられる.

学校プラットフォームという言葉は，2014年に閣議決定された「子供の貧困対策に関する大綱について」で政策上登場し脚光を浴びている言葉であり，そこでは「教育の支援では，『学校』を子供の貧困対策のプラットフォームと位置付けて総合的に対策を推進する」と記している．しかし，その詳細な意味内

容は明確ではない.

山野は多くの文献でチーム学校や学校プラットフォームについて論じている. そうした文献をもとに，端的に説明するならば，まず，全数把握が強調されることから，学校プラットフォームに求められる一番の機能は「発見機能」=スクリーニング機能である. すべての子どもたちを対象として課題を予防的に見つけ出す. そして,「チーム学校」としてスクールカウンセラーやスクールソーシャルワーカー等と協力して，まさしく教育と福祉が連携して，子どもたちの支援に取り組む. さらに，必要に応じて，地域の多様な福祉機関や行政機関，ボランタリー組織と連携し，子どもとその家庭をホリスティックに支援する. その学校と地域機関との「仲介機能」を担う「チーム学校」の一員がスクールソーシャルワーカーである. このように「協働のベースとして学校に拠点を置くという意味」(山野 2018b：6) が学校プラットフォームであると山野は言う.

地域づくりへの展望：山野（社会福祉学）の議論から

しかし，山野の議論はそう単純ではない.「地域づくり」にも視野を広げ考察している. **図序-1** は山野 (2018b：188) の図を一部加工したものである. この図からもわかるとおり，山野は「チーム学校」とコミュニティスクール，地域学校協働本部を一体的に捉え，この三者を「学校プラットフォーム」としてくくっている. ここでコミュニティスクールと地域学校協働本部とは「チーム学校」の答申と同じ日に中教審が発表した答申「新しい時代の教育や地方創生の実現に向けた学校と地域の連携・協働の在り方と今後の推進方策」が論じている組織であり，学校と地域の連携を担う組織である.

この二つの答申を読み比べると,「地域づくり」についての記述，志向性はこの答申のほうが圧倒的に強い. しかし，社会的包摂，福祉との連携への志向性に関しては，この答申は弱い. これまでの教育行政学のコミュニティスクール研究は「社会福祉との関連は視野に入っていない」(山野 2018a：39) とも指摘されている. 逆に「チーム学校」の答申は，教育と福祉の連携についての志向性は強いが,「地域づくり」についての意識は弱い. したがって，この二つの答申を結び付けて捉える山野の発想は魅力的である.

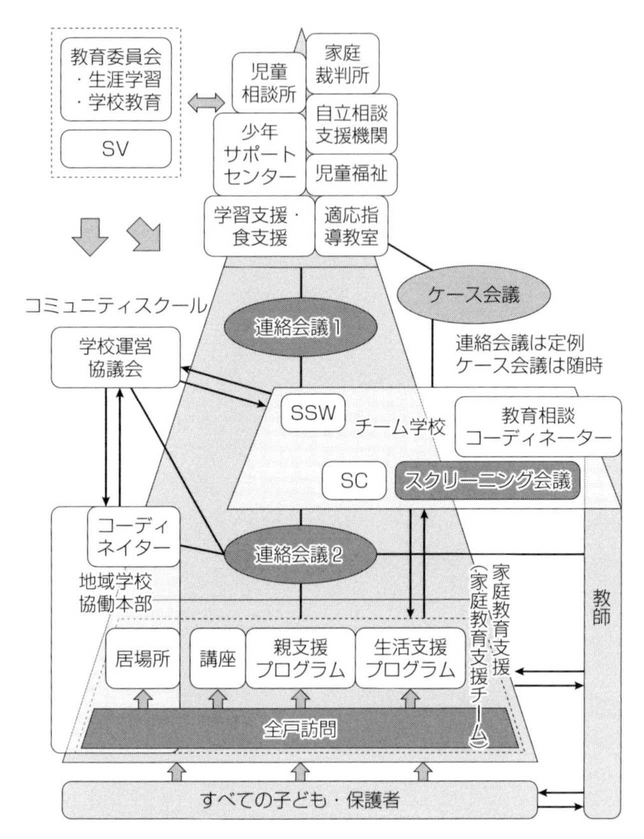

図序－1　学校から地域につながる仕組み

出典）山野（2018b：188）より加工.

ところが，山野（2018b）もこれら「チーム学校」とコミュニティスクール，地域学校協働本部の三つを有機的に関連付けて捉えられているとは言い難い．そう評価せざるを得ない一番の理由は，**図序－1**（山野作成）の中の「連絡会議1」及び「連絡会議2」のあり方が不明確であるからである．これにだれが参加し，ガバナンスするのか．そこが整備されなければ，この三つは結びつかないし，学校が地域機関ともつながらない．その結果，教育と福祉が連携する「地域づくり」も生まれない．そしてこのことは学校の負担とも不可分に関わる．連絡会議を学校が組織しガバナンスすることは学校の大きな負担になるし，本来業務であろうか．学校外の行政組織として組織すべきではないか．

地域づくりへの展望
――小川（教育行政学）の議論から――

次に，こうした山野の提案に対案を示している小川正人の議論に着目したい．小川は，日本社会福祉学会2017年度春季大会のシンポジウムで以下のとおり述べている．「背景には，平成28年度に改正された社会福祉法が，個人及びその世帯が抱える『地域生活課題』の把握と連携による解決を謳い，その『地域生活課題』のなかに教育に関する課題を新たに明記したうえで（同法4条2項），教育も含めた地域における包括支援体制の構築に取り組むことが明記されたことがある．『チーム学校』の構築は，学校を『プラットフォーム』とする発想とは別に，地域包括支援体制を構築する展望の下に福祉などの他部局・機関と教育委員会部局の連携・協働の組織を創設し，そのネットワークのなかに学校を包摂していくという選択肢も考えられる」（小川 2018：113）．そして，小川はこうした構想を「地域包括支援体制の一部としての『チーム学校』論」（同：113）としている．

この小川の発想をもとに，山野の議論も参考にして筆者が構想したモデルが**図序-2**である．このモデルは地域包括支援体制の一部としての子ども家庭福祉分野での取り組みとして考えている．イメージとしては，英国の拡張学校よりはEAZにある．ここで，学校の果たす一番の役割は，スクリーニング機能であり，発見された課題を「チーム学校」の中で取り組み，さらに「地域本部」に情報提供する．そこには，福祉や教育に関わる地域の行政機関，ボランタリー組織等の民間組織，地域住民が参加しており，情報の提供と共有を行い，子どもとその家庭をホリスティックに支援する方策を検討し，実施する．そうした方法で地域がエンパワメントされ，形成されていく[6]．

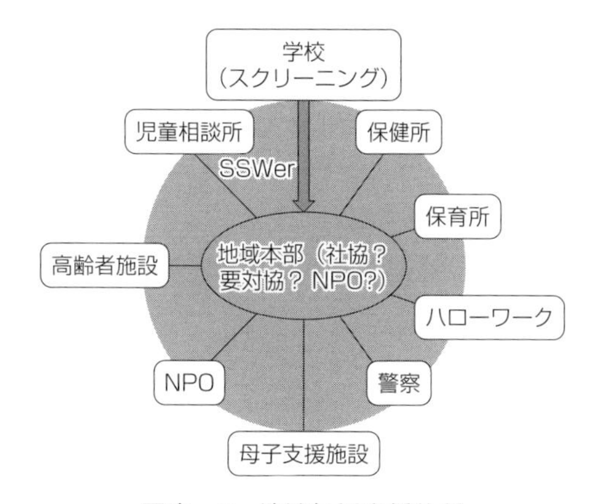

図序-2　地域包括支援体制

出典）筆者作成.

この構想を実現するには様々な課題があるが，まず取り組むべきは「地域本部」の設置とそのガバナンスの仕組みだと考えている．そのために旧来の要保護児童対策地域協議会や社会福祉協議会を活性化あるいは変革することも考えられるし，全く新しいガバナンス組織を設立することも考えられる．例えば，英国で取り組まれてきたパートナーシップ組織である．つまるところ，先ほど指摘した山野の構想と同じ課題をこの構想も抱えている．ただ，二つの構想の大きく異なる点は，図序-2の構想ではガバナンス組織を学校ではなく地域に置くことである．

（2）「我が事・丸ごと」地域共生社会の文脈から

「『我が事・丸ごと』地域共生社会」の政策展開

もう一つ見過ごすことのできない政策提案は，「『我が事・丸ごと』地域共生社会」（以下「我が事・丸ごと」）である[7)]．この政策の発端は2015年9月に厚生労働省が発表した「新たな時代に対応した福祉の提供ビジョン」にある．ここで示された「『分野を問わない相談支援』と『支えあい』が協働して包括支援体制を創り，共生社会を実現するという展望」（永田 2018：3）が，2016年6月に閣議決定された「ニッポン一億総活躍プラン」に「地域共生社会の実現」として盛り込まれ，政策展開のスプリングボードとなった．そして同年7月に「我が事・丸ごと」地域共生社会実現本部が，同年10月に「地域における住民主体の課題解決力強化・相談支援体制の在り方に関する検討会」（地域力強化検討会）が厚生労働省に設置される．この地域力強化検討会は同年末に「中間とりまとめ」を，2017年に「最終とりまとめ」を発表した（藤井 2018；原田 2017参照）．また，「中間とりまとめ」の内容をもとに社会福祉法が改正され，同法4条2項で，社会的包摂などの課題も視野に入れて（原田 2017），「教育も含めた地域における包括支援体制の構築に取り組むことが明記された」（山野 2018a：36）のである．前項で小川も指摘したとおり，教育と福祉を連携させる「地域づくり」の観点から，この改正の意義は大きい．

「『我が事・丸ごと』地域共生社会」からの地域づくりへの示唆

さて，この「我が事・丸ごと」が「ニッポン一億総活躍プラン」の一環でもあり，アベノミクスの成長戦略の側面を持つことは否めない．したがってこの側面からの批判は多い．例えば，『みんなのねがい』（2017年９月号）や『福祉のひろば』（2018年３月号）等が特集を組み，「公的責任の縮小・放棄」「福祉サービスの市場化」「財政抑制への利用」「専門性の軽視」等と批判している．研究者も積極的な論議を展開させ，例えば松端は次のとおり論じている．「社会保障の根幹をなす各種の制度が極めて深刻な機能不全状況にあるにもかかわらず，抜本的な制度改革を回避して，もっぱら相談支援体制のあり方や，さらには住民間の『互助・共助』を当て込み，地域での相互扶助を再構築することの必要性を強調するという内容になっている」（松端 2017：13）．「経済的に困窮しているとか，虐待があるとか，……『住民の支えあい』では対応しにくいような課題が多く存在する」（同：17）．藤井も次のとおり批判する．「増税回避の政策状況の中，社会保障の拡大抑制の方針が本政策の前提として横たわっている．しかも，『我が事・丸ごと』地域共生社会実現本部の施策は，経済成長戦略に基づくニッポン一億総活躍社会づくりの一環にある．したがって，……家族に代わる地域への過剰期待を伴った社会経済政策の枠組みを越えることがないと認識するべきであろう」（藤井 2018：46）．「基礎自治体における住民自治形成としての条件整備の責務が明確に提示されない『我が事』への期待は，結果的に住民の安易なコミュニティサービスとしての資源化や動員につながりかねない」（同：47）．

一方で，地域力強化検討会の座長であった日本福祉大学の原田は次のとおり論じる．「地域共生社会は地域住民に『丸投げ』することでも，『我が事』として押し付けられるものでもない」．地域力強化検討会では，「地域福祉の推進における公的責任を問う意見が出され」，そうした議論を踏まえ，社会福祉法の改正によって「地域福祉の推進が施策化され，それに伴い行政の責務が明確になり，その役割を果たしていくために体制整備と計画策定が求められた」（原田 2017：39）．

さて，「最終とりまとめ」の総論に示された今後の方向性は，次のような魅力的な言葉で語られている．◆社会的孤立や社会的排除をなくす「共生文化」の創造　◆すべての地域の構成員の「参加・協働」　◆申請主義による「待ち」の姿勢を克服する「予防的福祉」　◆「包括的な支援体制」の整備　◆地域づくりについての積極的な提案．そして，教育や子どもがこのような言葉の中に包み込まれていることをここで確認しておきたい．

以上の我が国の二つの政策動向にどのような展望を見出すことができるか．次に，英国の今日的動向を紹介し，それらを踏まえて考えたい．

3．英国保守党（連立）政権におけるコミュニティと ECM

（1）保守党の政策理念

2010年５月の総選挙で第一党となった保守党は自由民主党との連立政権を発足させた．その１週間後に政策文書「大きな社会を建設する」Building the Big Society を発表し，連立政権が目指す社会を示した．その文書は次の５つの項目で構成されている．① コミュニティへのより多くの権限付与，② コミュニティでの活動的な役割の奨励，③ 中央政府から地方政府への権限付与，④ ボランタリーセクターへの支援，⑤ 政府データの公表．この文書を読む限り，コミュニティ重視，ボランタリーセクターの活用という政策理念は前労働党政権と変わらない．それでは，違いはないのか．

保守党は2010年の選挙マニフェスト Invitation to Join the Government of Britain の社会政策のパートで次のとおり述べた．まず「私たちの壊れた社会を修復する」と題した序文で，労働党は国家を拡大したにも関わらず，人々の生活の質は悪化し，貧困，不平等，家族の崩壊は増大し，貧富の差による学校の成績格差も拡大した．これらは労働党の政治アプローチ＝トップダウンの介入と官僚的で事細かなマネージメントが原因である．そこで保守党は新しいアプローチに取り組む．それは，社会的責任の重視，国家統制の排除，大きな政府ではなく Big Society である．こうして，コミュニティも再建させ，中央政府から個人，家族，地方コミュニティへの権限移譲を行う（p. 35）．また，ECM については次のとおり述べている．「確かな出発」を支援し改善する．しかし，新しいアプローチをとる．つまり「確かな出発」を本来の目的＝それを最も必要とする困窮した機能不全の家庭に的を絞った支援，に戻す（p. 41, p. 43）．

ここでは，労働党政権からの政策転換として次の二点が指摘できる．① 権限を地方政府やコミュニティに移譲し，労働党の中央集権的，官僚的な事細かな介入も否定する．② ECM については普遍的政策から貧困家庭に的を絞った選別的政策に戻す．

（2）保守党（連立）政策の実際

それでは，実際の政策はどのように実施されたのか，ECM について検討する．Bate, A. & Foster, D.（2017）を整理すると次の特徴が理解できる．① 子どもセンターを労働党時代の普遍主義的政策から選別主義的政策へ転換した．② 子どもセンターの予算を一般財源化していった．結果的には，子どもセンターへの支出額は2010/11年度から2015/16年度で43％削減（補正額）された[8)]．③ 子どもセンターの数が削減された．④ 提供されるサービスが縮小されたり，有料となったところもある．また，スタッフの労働強化，ボランティアへの依存が増えている．

以上から以下の状況が見えてくる．保守党は労働党の政策手法を中央集権的，官僚的と批判し，地方政府やコミュニティへの権限移譲を主張した．しかし，実際に起こっていることは，中央政府が十分な財源を保障することなく政策責任を地方に転嫁することであった．このことは Children England（子どもサービスのボランタリー組織の連合体）の執行部長エバンス（K. Evance）氏が次のとおり端的に語ってくれた（2015年 1 月ロンドンにて）．子どもセンターはまだ存在している．しかし，数年内に閉じようとしているカウンシルも多い．閉鎖されるセンター，規模の小さくなるセンター，より必要なサービスに提供を絞るセンター，親のためのクラスの縮小，金曜日を休館に，適応する方法は様々であるが，基本的には財政の問題である．地方当局やボランタリー組織も，サービスの閉鎖，スタッフの縮小などで対応している．労働党時代，中央政府は地方当局が従わなければならない多くのターゲットを設定した．政権が代わり地方に任せるようになったが，そこでは，ターゲットもなければ中央統制もない．レッセフェール．

4．我が国の事例を検討する際の視点

本書では，「複雑で多様な課題を抱える子どもたち」の支援を行う「地域づ

くり」の事例を検討する．その際，以上の日英の比較は次のような視点を提供してくれる．

第一に，福祉や教育に関わる地域の行政機関，ボランタリー組織等の民間組織，地域住民が参加して構成される「地域づくり」のためのパートナーシップ組織＝ガバナンス組織を整備する必要性である．

第二に，英国では貧困地域に的を絞り，そこに予算を集中させる選別的政策がまず行われ，後に普遍的政策に展開させていった．費用対効果の面から選別的政策が主張されることが多いが，貧困層に給付をターゲッティングするほど財源調達が困難となり，格差の削減に失敗するという「再分配のパラドクス」も主張される[9)]．加えて，普遍的政策への転換はサービスの全体を底上げするという大きな意義を持つと考えられる．また，ここで，普遍的か選別的かを考える場合，（貧困）地域を選別する場合と個人を選別する場合が考えられる．

第三に，中央政府の指導性である．目標・詳細な条件の提示→契約→査察→評価という労働党の手法は，「規制国家」として労働党政権時代から批判されてきた（谷川 2018参照）．しかし，保守党や我が国のように，予算もないガイドラインも乏しい，総じて人々を地域の連帯に導く装置がない中で，コミュニティが自発的に「地域づくり」に取り組むことは，ボランタリーセクターが未成熟な我が国ではあまり期待できない．政策理念を現実化するために，中央政府のリーダーシップは一定程度必要なのではないか．一方，河合は「我が事・丸ごと」について論じる中で，住民の主体的活動を「政府が法律的に奨励することは問題が多い」，「地域の現実に根差したコミュニティ・ソーシャルワーク論が求められている」（河合 2018：18）と指摘している．

第四に，教育と福祉の連携や地域づくりのためには，中央でも地方でも省庁・部局の連携（「連結型政府」）が必要である．労働党政府はそれを積極的に進めた．ただ，日英における地方教育行政の歴史的な経緯を考えると，我が国の場合，「教育行政の一般行政からの独立」理念も尊重する必要がある．

最後に，上記の視点が本書の構成，特色を生みだしていることを確認しておく．まず，第Ⅰ部は，先進的な地域づくりを行っている地域の「ガバナンス組織」に焦点をあわせており，以下のとおりガバナンス組織の形態の違いに基づき章立てを行っている．第一章：中央政府の主導性が見て取れる沖縄県，第二章：社会福祉協議会が主導する滋賀県，第三章：首長が主導する明石市，第四章：ボランタリー組織の伝統的な取り組みを基盤とする西成区．次に，英国でのガバナンス組織はパートナーシップ組織と表現され，そこにはボランタリー組織がしっかりと組み込まれている．第Ⅱ部でそのボランタリー組織の活動に焦点をあわせたのはその理由が大きい．また，第Ⅰ部でも，すべての章（事例）において，ボランタリー組織の活動に強い関心を持って分析している．つまり，本書のキーワードは「ガバナンス組織」と「ボランタリー組織」にあると言っても過言ではない．

註

1）アーバンプログラムでもパートナーシップが導入されたが，一部の地域に限られ財政規模も小さかった（自治体国際化協会 2004：4-5）．

2）競争入札制度について，とりわけ単一再生予算は包括的であるため，入札に成功した地域とそうでない地域との地域間格差を生み出したと批判されている（永田 2011：94）．

3）その後，社会的排除対策室から近隣再生対策室 Neighbourhood Renewal Unit に移管される．

4）ただし，NRF が交付された LSP のほうがその成果は大きいとも指摘されている．

5）久冨善之（1992）は教育社会学の立場から，戦後の「地域と教育」の関係を三つに時期区分して，数多くの研究とその動向を分析している．

6）「地域」の範囲は中学校区程度を構想している．

7）山野も「学校プラットフォーム」について「2016年厚生労働省の打ち出した『地域共生社会の実現』との関連も検討すべきだろう」（山野 2018b：4）と述べている．

8）これについて子ども家庭大臣は2011年3月国会で次のとおり主張した．最もそれを必要とするファミリーを支援するための予算である，予算をいかに使うかは地方当局が決める（Bate & Foster 2017）．

9）北明美（2019）等参照．

引用・参考文献

今井良広（2005）「イギリスの地域再生とエリア・ベースド・イニシアティブ：ローカル・パートナーシップの展開」吉田忠彦他編『地域と NPO のマネジメント』晃洋書房．

小川正人（2018）「教育と福祉の協働を阻む要因と改善に向けての基本的課題：教育行政の立場から」『社会福祉学』58巻4号．

金川幸司（2008）『協働型ガバナンスと NPO ――イギリスのパートナーシップ政策を事例

として』晃洋書房.
河合克義（2018）「『我が事・丸ごと』地域共生社会とコミュニティ・ソーシャルワーク」『ソーシャルワーク研究』Vol. 44, No. 1.
北明美（2019）「子どもの貧困と『社会手当』の有効性——防貧政策としての児童手当制度——」山野良一他編『支える・つながる——地域・自治体・国の役割と社会保障——』明石書店.
久冨善之（1992）「地域と教育」『教育社会学研究』50集.
自治体国際化協会（2004）『英国の地域再生政策』.
谷川至孝他（2017）「『チーム学校』の研究動向と今後の研究への提言——英国からの示唆」関西教育行政学会『教育行財政研究』44号.
谷川至孝（2017）「英国教育に学べること」日英教育学会編『英国の教育』東信堂.
谷川至孝（2018）『英国労働党の教育政策「第三の道」——教育と福祉の連携』世織書房.
永田祐（2011）『ローカル・ガバナンスと参加——イギリスにおける市民主体の地域再生』中央法規.
永田祐（2018）「地域包括ケアシステムの最前線——『我が事・丸ごと』地域共生社会と包括的支援体制」『Monthly IHEP』2018年2月号.
西村万里子（2007）「地域再生政策とローカル・パートナーシップ：ローカルガバナンスとボランタリー・コミュニティ組織の対等性・平等性」塚本一郎他編『イギリス非営利セクターの挑戦——NPO・政府の戦略的パートナーシップ』ミネルヴァ書房.
原田正樹（2017）「改正地域福祉計画と地域住民等の参加の諸相」『ソーシャルワーク研究』Vol. 43, No. 3.
藤井博志（2018）「地域共生社会を実現する社会福祉協議会の課題」『社会福祉研究』132号.
松端克文（2017）「地域福祉推進における二つの支援機能：個別支援と地域支援に着目して」『桃山学院大学総合研究所紀要』42巻3号.
山野則子（2018a）「子ども家庭福祉から見た『我が事・丸ごと』地域共生社会：学校プラットフォームの可能性」『ソーシャルワーク研究』Vol. 44, No. 1.
山野則子（2018b）『学校プラットフォーム』有斐閣.
Bate, A. & Foster, D.（2017）*Sure Start*（*England*）, House of Commons Library.
Belsky, J. & Melhuish, E.（2007）Impact of Sure Start Local Programmes on Children and Families in Belsky, J., Barnes, J. & Melhuish, E.（eds.）, *The National Evaluation of Sure Start: Does Area-based Early Intervention Work ?,* Policy Press（J. ベルスキー, J. バーンズ, E. メルシュ編著, 清水隆則監訳（2013）『英国の貧困児童家庭の福祉政策——“Sure Start”の実践と評価』明石書店）.

（谷川至孝）

第 I 部

地域の取り組み

第1章

沖 縄 県

── 内閣府の補助金を基盤とした取り組み ──

沖縄県は，2016年度より沖縄振興予算として，内閣府から年間約10億円の「沖縄子供の貧困緊急対策事業」補助金を得ている．その意味で，中央政府の強い指導性のもとで事業が行われている地域である．

1．沖縄県の子どもの貧困と地域の実態

（1）歴史を背負う沖縄の地域特性
──「ゆいまーる幻想」──

表1-1で示すとおり，沖縄県の貧困度はすこぶる高い．戸室健作（2016）によると，沖縄県の貧困率は全国で最も高く34.8％（2012年）にのぼる．二番目が鹿児島県の24.3％，全国値は18.3％だから，沖縄県の高さは抜きんでている．この貧困はどのように生み出されてきたのか，まずは沖縄県の地域特性について確認しておく．

その基底には戦後続いてきた沖縄の地域振興計画・福祉政策の構造的なゆがみがある．戦後1947年に日本本土では児童福祉法が制定されたが，占領下にあった沖縄には適用されず，米統治のもと，保育所や児童館の整備等子どもの育ちを支える基盤整備が立ち遅れる．1972年本土復帰後，本土との格差を是正するために「沖縄振興開発特別措置法」が制定され，沖縄の地域振興が進められた．しかし，その計画の策定と予算編成の権限は日本政府が持ち，そのメニューは道路の整備や港湾の埋め立てなどに偏重され，その上で，10分の8や9の高率補助率が設定された．この高率補助公共事業は，一割の地方予算で10倍の事業が実現する，強い財政誘導を行う仕組みであり，こうして地方の負担率の高い教育や福祉の分野が後回しにされていった[1)]．

もう一つ指摘しておきたいことは，沖縄県の地域格差と地域での助け合い

表１－１　沖縄県の子どもの貧困に関わるデータ

	沖縄県	年	順位	全国	年	出典	備　考
子どもの貧困率	29.9	2014		13.9	2015		沖縄県出典①
一人当たり県民所得	2166	2015	47	3190	2015	③	千円
完全失業率	5.1	2015	1	3.4	2015	②	
非正規雇用者数の割合	41.8	2016		37.5	2016	⑤	
離婚率	2.44	2017	1	1.70	2017	⑥	千人当たり
10代の婚姻率	6.6	2013	1	3.4	2013	①	
10代の出産割合	2.6	2016	1	1.2	2016	⑥	
母子世帯出現率	2.72	2010	1	1.46	2010	④	
健診受診率乳児	90.5	2015		95.6	2015	①	
健診受診率１歳６か月	87.7	2015		95.7	2015	①	
健診受診率３歳	85.4	2015		94.3	2015	①	
乳児全戸訪問事業訪問率	89.7	2015		95.6	2015	①	
中学校生徒の不登校	37	2017		32.5	2017	⑥	千人当たり
中学校卒業後の進路未決定率	2.5	2015		0.7	2015	⑥	
高校卒業後の進路未決定率	14.0	2015		4.7	2015	⑥	
新規高校卒業者無業者率	12.6	2015	1	4.37	2015	③	
新規大学卒業者無業者比率	22.98	2015	1	10.3	2015	③	
大学・短大進学率	39.5	2016	47	54.7	2016	⑥	

出典）①沖縄子どもの貧困白書，②沖縄県「100の指標から見た沖縄県のすがた2016」，③沖縄県「100の指標から見た沖縄県のすがた2018」，④沖縄の子供の貧困対策に関する島尻大臣とNPO等との懇談参考資料（内閣府，2015），⑤総務省「労働力基本調査2016」，⑥沖縄県子どもの貧困対策計画【改定計画】（2019年）．

（ゆいまーる）の変容である．沖縄県では中南部の都市化が進み，北部や島嶼地域から人々が流入した．70年代くらいまでは流入してきた人々は出身地ごとに「郷友会」を作り，相互扶助を行い，中南部の社会にどうにか包摂されていった．ところが，80年代になるとそれがなくなり，社会的に包摂されることなく最底辺で暮らすようになる．

さらに，中南部の地域のつながりについては，基地の問題も影を落とす．戦後，本土と異なり沖縄では，自治会の共有地がGHQによって剥奪されずに残っており，軍用地となった共有地からは莫大な軍用地料が得られる．その結果，新しく移住してきた住民の自治会加入が拒まれることとなる（以上の記述は，沖縄県子ども総合研究所編（2017）；島袋（n. d.），参照）．

（２）沖縄県の子どもの貧困の実態

沖縄県では，子どもの貧困について多くの調査を行ってきた．最初は沖縄県子ども総合研究所が2015年10～11月に行った調査であり，小中学生，保護者を対象に実施され2016年３月に『沖縄子ども調査調査結果 概要版』が出されている．その後も，同研究所による『沖縄県高校生調査』（2016年11～12月調査，2018年３月報告書），同研究所他が協力して１歳児・５歳児の保護者を対象とした「沖縄県未就学児調査」（2018年１月調査，同年６月報告書），小中学生・保護者を対象として大阪府立大学が受託して行った「2018年度沖縄県小中学生調査」（2018年８～９月実施，2019年３月報告書）が実施されている．子どもの貧困調査をこれだけ入念に実施している自治体は珍しいが，その中から全国との比較が可能な資料を中心に，沖縄県の子どもの貧困の実像をピックアップし**表１-１**にまとめた．

２．沖縄県及び市町村の子どもの貧困への取り組み

（１）県事業

これらの調査をもとにして，沖縄県は子どもの貧困への取り組みを進めた．それらは，沖縄県独自の県事業と内閣府からの補助金に基づく事業との二つに分けられる．

まず前者の県事業について，最初の「沖縄子ども調査」が2015年10月・11月に実施され，2016年１月末に公表され，そして，同年３月に「沖縄県子どもの貧困対策計画」が策定され，「沖縄県子どもの貧困対策推進基金」30億円が積み立てられた．県庁では「青少年・子ども家庭課」に「子ども未来政策室」（のち子ども未来政策課に昇格）が設置された．この課が「子どもの貧困」に特化された部署であるが，留意すべきは，知事を議長とした「沖縄県子どもの貧困対策推進会議」が設置され，そこではすべての部局が参加する全庁体制をとったことである．英国同様「連結型政府」の体制を整えたわけである．貧困は医療や福祉，教育，食，職，住居などすべての部局に関わる．したがって全庁体制の意義は大きい．

この「沖縄県子どもの貧困対策計画」は，2016年度から2021年度までの６年計画として策定された．そこでは34の指標が示され，2018年には中間評価が行われ，2019年３月に「改定計画」が出されている．2017年度の事業内容は次のとおりであった（（　）内は予算．また，この部分の記述のほとんどは，2018年３月子ど

も生活福祉部子ども未来政策課課長への聞き取り調査に基づく）.

① 沖縄県子どもの貧困対策推進基金（4.6億円）

(i)市町村への交付金（4.2億円，交付率４分の３）：市町村が就学援助，放課後児童クラブ，その他の事業を実施する際の補助金

(ii)県主体の実施事業（0.4億円）：子育て世代包括支援センターの設置，子どもの生活に係る実態調査など

② 子育て総合支援モデル事業（３億7481万円　内国費８割負担）

準要保護世帯等の小中学生，児童扶養手当受給世帯等の高校生を対象に学習支援，養育支援を行う事業．沖縄県と市町村が協力しNPO法人等に委託して行っている．支援会場は29カ所．

③沖縄子どもの未来県民会議

子どもの貧困率10％を目指し，2016年６月設立．知事を会長とし，県，市町村，経済団体，労働団体，福祉・医療保健・教育関係団体等，110団体から構成された．財源はすべて寄付金で賄われ，2017年度予算7500万円で，以下の事業に取り組んだ．

(i)給付型奨学金事業（1874万円）：児童養護施設等の退所者，里親等の被解除者，を対象に，大学や専門学校等への入学金・授業料の全額を負担し，進学後も寄り添い支援する．

(ii)高校生等への通学費補助（約2000万円）：低所得世帯でモノレールで通学する高校生等に運賃の約半額を割引（モノレール社が負担）

(iii)子ども未来ジョイントプロジェクト（1083万円）：県民会議の構成団体が協働して行う．例えば，○高校生への学習支援，食支援，キャリア支援．○自立に向けて就労とその維持を一体的に行う就労支援と住宅支援

(iv)その他：子どもの貧困への社会的認知を背景に，食料品の現物支給等が広がっている．寄付も2018年１月までで9000万円に達している．

（２）内閣府からの補助金に基づく事業

概要と予算

本事業は内閣府の全額補助に基づく事業であり，事業期間は2016年度から

2021年度，基本的な事業内容は支援員（ソーシャルワーカー）の配置と居場所の運営の二つであり，支援員が学校と連携して困っている子どもをキャッチし，居場所につなぐという仕組みである．実施主体はともに市町村であるが，補助金は一括で県に交付され，県が市町村からの申し出に基づいて配布している．表1－2は年度別の交付額である．

また，2019年度から，従来事業は補助率が9割となり，新規事業として次の事業が加わった（補助率10割）．①手厚い支援が必要な子どもへの支援の強化（○拠点型居場所の整備，○若年妊産婦の居場所の展開，○子どもの宿泊型居場所支援），②離島・へき地における取り組みの支援，③その他（○全居場所による連絡会の設置，○電話・メール等による相談支援体制の整備，○地域の体験活動等との連携）

加えて，県は次の事業にも取り組んでいる．

①支援コーディネーターの配置（2017年度予算：2544万7000円）

県は市町村の支援員をコーディネート及びスーパーバイズする人員をNPO等に委託している．2週間に1回現場に赴いて助言を行っている．

②県立高校の居場所づくり支援事業（同：1045万5000円）

中途退学を減少させることを目的に，高校内に居場所を設置し，県教育庁から生活福祉部に出向している二人の高校教員が，教育と福祉の専門性を兼ね備えた専門家として高校に赴き，高校の先生と週に1回定例の会議を設けている．2017年度は1校だけだが2018年度は5校に増やす予定．

③大学生ボランティアコーディネート事業（同：1924万3000円）

沖縄県内11大学・短大・高専のコンソーシアムを基盤に学生への研修を行い，学習支援，子ども食堂等へのボランティアを派遣している．

他にも，県は各市町村や事業実施主体から事業報告を受け，成果をとりまと

表1－2　内閣府事業交付額

（万円）

	支援員	居場所	その他	新規事業	合　計
2016	35,500	55,600	4,900		96,100
2017	36,000	64,600	6,300		106,900
2018	35,300	76,300	6,900		118,500
2019	30,925	60,679	6,890	30,466	128,960

出典）内閣府沖縄振興局の資料に基づく．

めて分析・評価し，報告会も開催している．

実施状況

表1-3は支援員の配置先と支援を受けた子ども及び保護者の人数，世帯数，居場所の開所数，利用者述べ人数をまとめた．表1-3の支援員の配置先を見ると，支援員はスクールソーシャルワーカーよりはソーシャルワーカーと位置付けられているほうが多いことがわかる．また，図1-1は支援員が支援した世帯をつないだ場所である．図1-1から支援員と居場所との密接な関係がわかる一方，支援員と学校とのつながりは意外と少ない[2)]．

（3）市町村の取り組み

それでは，実際の市町村の取り組みはどのようなものなのか．次の4市町村に調査を行った．内閣府の補助金は本調査時で2016年度と2017年度の交付額が決定していた．市町村別にみて，交付額が一番目と二番目に多い那覇市と沖縄

表1-3　支援員・居場所詳細

	支援員関係							居場所関係		
	支援員の配置先				支援を受けた人数・世帯数			開所数	年151日以上開所	利用者述べ人数
	市町村役場	教育委員会・学校	その他	合　計	保護者	子ども	世　帯			
2016	53	37	15	105	499	2,545	1,891	122	38	170,229
2017	63	37	14	114	711	4,176	2,709	131	69	288,784
2018	62	41	14	117	1,005	4,778	3,415	144	69	298,760

出典）内閣府沖縄振興局の資料に基づく．

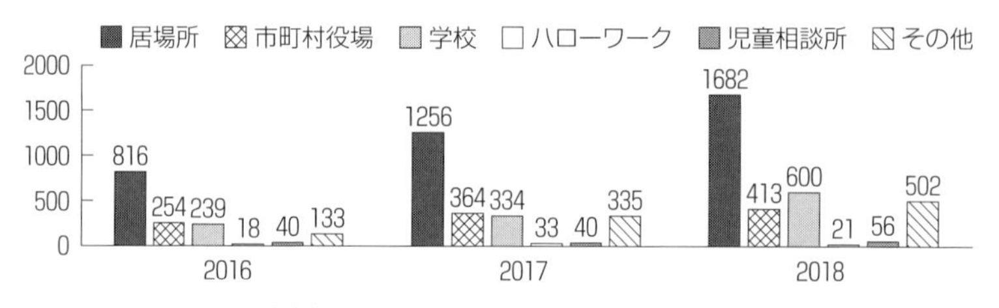

図1-1　支援員が世帯をつないだ場所（世帯数・複数回答）

出典）内閣府沖縄振興局の資料に基づく．

表1－4 各市町村の実施状況

	2016			2017			2018		
	額(千円)	居場所	支援員	額(千円)	居場所	支援員	額(千円)	居場所	支援員
那覇市	209,193	23	26	210,465	25	27	217,592	24	26
沖縄市	100,890	25	14	127,243	25	17	139,347	28	15
国頭村	5,944	2	1	8,152	2	0	9,738	2	1
南風原町	30,063	2	2	37,137	2	2	40,164	2	2

出典）内閣府沖縄振興局の資料に基づく.

市をまず調査対象とした．次に聞き取りを進める中で，活発な活動をしている村として国頭村の名前が挙がった．そこで小村の状況を知るため国頭村の調査を行い，加えて同様に活発な活動をしている市町村として南風原町にも調査を行った．

それぞれの市町村の内閣府に基づく事業の交付額（千円），居場所数，支援員数は表1－4のとおりである．

以下，本章では那覇市，国頭村，南風原町について検討し，沖縄市については第Ⅱ部で詳述する．

▶那覇市　人口：32万1183人（2020年3月末）

調査対象：那覇市役所こどもみらい部子育て応援課，同福祉部保護管理課（2018年8月調査），NPO法人沖縄青少年自立援助センターちゅらゆい代表理事 金城隆一氏（2018年3月，2019年3月調査）

ア．子どもの貧困対策の全体像：那覇市役所への聞き取りから

内閣府の10億円の補助金が閣議決定したのは2015年12月だったが，那覇市はすぐさま2016年2月に「那覇市こどものみらい応援プロジェクト庁内推進会議設置要綱」を制定し，関係課23課による実施体制を整えた．沖縄県庁と同様，全庁体制を作った意義は大きい．実際に，庁内連携推進会議を行ったり，日常的にも福祉担当部局の職員が各課を回りヒアリングを行っている．

那覇市が子どもの貧困対策に取り組み始めたのは，より早く2009年からであった．当時は支援員を配置し，生活保護世帯の中学生300人を中心とした取

り組みを行っていた．その経験から，子どもの貧困問題は単純に経済的な問題ではなく，子どもたちの社会的な孤立，文化的な貧困の問題として認識し，さらに，そういった問題が起こらないような環境づくり，地域づくりを意識するようになった．したがって，今日取り組まれている事業は，不登校対策や自立促進事業といった事後的な事業と，地域に根差したボランティア団体を中心とした居場所事業とに意識的に分類されている．後者については子ども食堂が例示されるが，必ずしも専門性を伴わない地域の人々が，食堂に限らず，地域をつなげるツール，子どもたちを見守るためのツールとして何に取り組んでもいい，とインタビューの中で強調された．2017年度に行われた事業は次のとおり分類されている．

2017年度事業内容

〈1〉支援員の配置

① 寄添支援員（18人・内閣府補助金・教育委員会に配置）

中学校区に1人配置され，学校を拠点とするスクールソーシャルワーカーとして位置付けられる．準要保護（要保護は除く）や不登校の子どもたちを対象とする．

② 子ども自立支援員（8人・内閣府補助金・福祉部局に配置）

主に生活保護世帯の小学生を対象とする．

③ 児童自立支援員（5人・厚生労働省補助金・福祉部局に配置）

2009年から実施され，主に生活保護世帯の中高生を対象とする．

④ 子育て世代自立支援員（1人・内閣府補助金・こどもみらい部に設置）

主に子育て支援室に相談に来られる就学前の子ども・保護者を対象とする．虐待対応が中心となる．

〈2〉子どもの居場所事業（すべて内閣府補助金）

① 居場所型学習支援事業（福祉部局，1NPO法人に委託，予算4543万6000円）：生活困窮世帯の中学生対象，二カ所で実施，一カ所定員100人，平日午後2時から9時，軽食も提供

② 子どもの包括自立促進支援事業（福祉部局，1NPO法人に委託，予算2415万5000円）：引きこもりや非行等の生活困窮世帯の子ども（概ね10歳から18歳）

対象，30人程度，平日午前10時から午後6時

③ 児童館・公民館等の公共施設での居場所運営（福祉部局，2団体：公益社団法人と社会福祉法人に補助，予算2800万円）：公共施設に通う生活困窮世帯の児童・生徒を対象

④ その他の子どもの居場所事業（福祉部局，17のボランティア団体に補助，予算1200万円）：実施団体の地域で生活する生活困窮世帯の児童・生徒を対象

⑤ 教育委員会直営自立支援教室（教育委員会直営，予算1653万4000円）：貧困家庭の不登校の小中学生対象，約30～40名，平日午前9時から午後3時半

これらの居場所事業に関して特記しておきたいことは，①②⑤が「主に課題を解決するための事業」として，③④が「地域づくり，人と人との関わりで作るセーフティネット」として位置付けられていることである．

〈3〉沖縄県子どもの貧困対策推進交付金事業

2016年度より取り組まれ，2016年度の実績は総事業費が2431万3000円，内沖縄県補助金が1816万9000円となっている．これらの中でインタビュー時に強調された事業が「子どもと地域をつなぐサポートセンター糸」であった．これは那覇市社会福祉協議会に委託されている事業で，主な事業内容は①ボランティア団体の実態把握と課題整理，②ボランティア団体と関係団体のネットワークづくりである．後者については那覇市を4行政区に分け，地域コーディネーターをおき，自治会，小学校長，PTA，支援員，児童館，民生委員，子ども食堂等と情報共有し，関係づくり，地域づくりを行おうとするものである．つまり，必ずしも専門性を伴うわけではない，地域の人々の取り組みと行政組織をつなげ，地域づくりを行うことが意図されている．

イ．課題

聞き取り調査からは次のような課題が指摘された．まずは，那覇市の地域特性である．那覇市の自治会は160あるが，先に述べた「郷友会」の名残や軍用地の問題から組織率は17％しかない．さらに，賃貸住宅も多く，人々は孤立しがちであり，その中で老人の孤独死や児童虐待が起きている．そこで，新たなコミュニティの仕組みを作っていかなければならない．

第二は福祉部局と教育委員会との連携である．子どもの貧困対策の取り組み

を始めた2009年当初は，福祉部局の支援員に対し学校は拒否的であった．取り組みを重ねるにつれ，子どもの世帯の情報は福祉部局が持っており，協力して取り組むことにより先生も楽になるということが理解されるようになり，今日以前と比べて格段に連携がとれている．一方，福祉部局が把握している生活保護以外の情報は学校から入ることが多い．その役割を果たしているのが，内閣府補助金で教育委員会から配置されている18人の寄添支援員であり，福祉的視点も取り入れたスクールソーシャルワーカーとして取り組んでいる．基本的に学校からの依頼に基づいて動いており，日常的にすべての児童に関わることができないため，キチンと登校しているなど一見問題なさそうな児童について見落としてしまう可能性がある．今後，スクリーニング機能の強化を検討していきたい．

第三は，居場所から家庭へのつながりが不十分であることが指摘された．つまり，居場所に来た子どもの家庭との連絡がうまく取れていない．そうした場合，支援員や行政が家庭にアプローチするということが行われつつある．

ウ．活動の実際：子どもの居場所 kukulu の活動
（ちゅらゆい代表理事 金城隆一氏への聞き取りから）

kukulu は，NPO 法人ちゅらゆいが内閣府補助金で展開される上記「② 子どもの包括自立促進支援事業」を受託し運営している子どもの居場所である．

ちゅらゆいの代表理事金城氏は，大阪にある不登校やひきこもりの青年を支援する「淡路プラッツ」で1993年より勤務し，2005年沖縄に戻り活動を始めた．2010年にちゅらゆいを設立，2013年に那覇市の公設民営の居場所 kukulu を開始した．当初は生活保護世帯の不登校の子どもを対象とし，厚生労働省の補助金10割（1500万円）の事業であった．ところが，厚生労働省の補助金が1/2事業となり，那覇市の委託がなくなり2015年３月でこの事業は一旦終了する．結果的にこれが kukulu の脱皮を促す．市民や企業から300万円ほどの寄付が集められ，この資金とここで培われた人的資源を基盤に活動を再開し，今日では，内閣府からの補助金2400万円（2017年度）を得て，概ね10歳から18歳の不登校の子どもを対象とし，生活支援，学習支援，就労支援に取り組んでいる．また金城氏は沖縄県子どもの貧困対策有識者会議の構成員でもある．

それでは，これらの取り組みをとおして，金城氏は「地域づくり」についてどのように構想しているのだろうか．まず，内閣府の補助金の特徴として，国がスキーム図を書いて落とした事業ではなく，市町村の裁量に任されており，いきおい，市町村間で取り組みの違いが生じる．それを県が調整している．そこに市民がどう参画していくのかがこれからの課題であるという．もっとも，行政とNPOとの関係について，2013年に厚生労働省の補助金を得ていたころは，親との面談も難しい等，多くの制限が那覇市からNPOに課せられていた．ところが，今日ではフラットに話ができるという．

また，NPOの取り組みについて，先に記したとおり那覇市の行政は，必ずしも専門性を伴うわけではない地域の人々の取り組みを尊重し，それらをつなぐことによって地域づくりを構想していた．一方，金城氏は，こうした居場所に加えて，専門性を持ってアプローチできる居場所が広域にいくつかあり，一般的な居場所で捕捉した困難性の高い子どもを，専門支援が可能な居場所につなぐ必要性を強調する．また，NPOの経営的な自立を高めるために，行政からの委託事業に経営を依存しているNPOの体質を変えていくことが強調されたことも印象的であった．

▶国頭村　人口：4922人（2015年）

調査対象：国頭村役場福祉課及び同教育委員会教育課（2018年8月調査）

ア．子どもの貧困対策の全体像

国頭村は沖縄本島北部に位置する村で，人口4922人（2015年），児童数は240名（2019年，村の中心部にある2校に計214名，へき地校3校計26名），中学校は1校のみで生徒数は144名（2019年）の村である．

まず，内閣府補助金に基づく事業の実施状況を確認しておく．

年度	予　算	支援員	居場所数
2016	5,944,000	1（福祉部門への配置）	2
2017	8,152,000	0	2
2018	9,738,000	1（教育委員会への配置）	2

居場所については，小学生を対象とした居場所と中学生を対象とした居場所

が一カ所ずつ設けられている．共に国頭村直営で，貧困家庭のみを対象としてはいない．前者は福祉部局が担当しており，30名から40名の小学生が参加し，実質的には一つの小学校（2019年124名在籍）からの参加だから，かなりの参加率である．後者は教育委員会が担当し，無料塾としての位置付けが強い．15名の中学生が参加している．

支援員は居場所と連携はしているが，学校を基点として活動している．

イ．特徴：国頭村役場への聞き取りから

この地域の特徴は，第一に人的リソースの乏しさである．象徴的なのは支援員で，2017年の支援員は見つけることができず，結果的にこの年は0名となった．この村ではNPOも民間の塾も，専門性の高い人材も，ボランティアをする大学生も少ない．したがって，居場所も村の直営で行わざるを得ず，スタッフも募集をしても応募者がおらず，役場がお願いしてきていただいている．沖縄県の北部地域コーディネーターの助言を得ながら運営されている．

第二に，この人的リソースの乏しさは地域づくりの課題でもある．つまり，現状のままだと居場所事業が地域づくりにつながらない．どうすれば地域の協力を得られるか，その課題は根が深い．例えば子どものいる貧困家庭を行政は十分把握できているかどうか，危惧される．そこで，行政が支援のアプローチをするのだが，当事者にシャットアウトされてしまう．その背景には役場に出入りすることだけで地域の話題になるような土壌がある．ただ，民生委員は活発に活動していて，行政との連絡も密である．

第三に，国頭村の高齢化率は30.4％であり全国平均26.6％よりも高い．どうしても地域の意識も高齢者に向けられる．また，子どもの問題は「親が悪い」となりがちである．そこで，高齢者福祉と子ども家庭福祉とのコラボ企画などによって，子どもの問題を地域の問題として地域に根付かせることを模索中である．

第四に，聞き取り調査では，福祉担当部局と教育委員会との両担当職員に同席いただき，お話をお伺いすることができた．このことが象徴しているとおり，この二つの部局が公的なミーティングはいうに及ばず，意識せずとも日常的に連携がとれている．

▶**南風原町**　　人口：3万9911人（2020年3月）

調査対象：南風原町役場民生部こども課，一般社団法人カナカナ代表理事 仲本かなえ氏，認定NPO法人侍学園スクオーラ・今人沖縄校校長 蓁目崇氏（2018年8月調査）

ア．子どもの貧困対策の全体像

南風原町の人口は，2015年の国勢調査で3万7502人であり，県内41市町村の13番目である．今回調査を進める中で「子どもの貧困」への取り組みの評判が高かった町であり，そこでまず，南風原町の取り組みの特徴を南風原町役場民生部こども課課長のお話を中心にまとめる．

第一に，データをもとに地域の特性を捉え，そこから明確な施策の方針が導きだされていることである．具体的には，児童相談所のデータから，沖縄県では78.3%が小学校時代に初発非行を行っていることに着目した．この子どもたちはお兄ちゃんお姉ちゃんから非行を教わっている．また，中学校では「不良集団」が学年を越えた上下関係でつながっており，地域に戻ると地域でも年齢を越えてつながっていることが本土よりも多い．つまり「沖縄の非行は集団的かつ地域化していて，なかなか抜け出せない」．さらにそれが母子世帯を生み出し世代間連鎖していく．そこで，このつながりを断ち切るには，小学校からの取り組みが必要とされる．

第二に，内閣府予算に基づく居場所事業は次に詳述する2カ所しか実施されていない．しかし，この二つの居場所（「元気ルーム」）は専門性が高く，課題の重い子どもたちを対象としている．その一つ侍学園は平日の放課後夜10時まで，金曜日の夜から土日祝日がもう一つのカナカナの担当であり，このようにして365日の支援が行われる[3）]．また，子どもを家庭に送り届けることにより，保護者ともつながり養育支援・孤立支援を行っている．

第三に，この二つの居場所事業と支援員事業が教育委員会や行政の福祉部門ともつながり，子どもとその保護者への取り組みの有機的な連携が計画的に行われている．その核が週1回の「キッズ会議」であり，居場所スタッフ，支援員，スクールソーシャルワーカー，支援コーディネーター，そして必要に応じて指導主事や学校代表者が加わる．そこでは民生部子ども課に寄せられた相談や学校からのケースが抽出されて取り上げられ，１回短くて２時間場合によっては３～４時間の会議が行われ，居場所での支援を決定する．

第四に，「キッズ会議」にとどまらず，より広く教育と福祉の様々な機関が連携した「妊娠期からの子どもとその家庭への継続的・包括的な支援」が，図1－2のとおり計画され，取り組まれている．この活動の原動力となっているのは南風原町役場と町社会福祉協議会の連携であり，社会福祉協議会は８名のコミュニティソーシャルワーカーを南風原町の四つの小学校区に２名ずつ配置している．そして，教育委員会や学校もその地域連携の中に位置付けられている．ただし，学校は「一義的には勉強を教えるところ」と捉えられ，したがって，学校は発見機能だけを担う．インタビューでは「必要なのは先生が何か気づいたら，瞬時に我々に情報が来るシステムさえ整えてくれれば，福祉的なケ

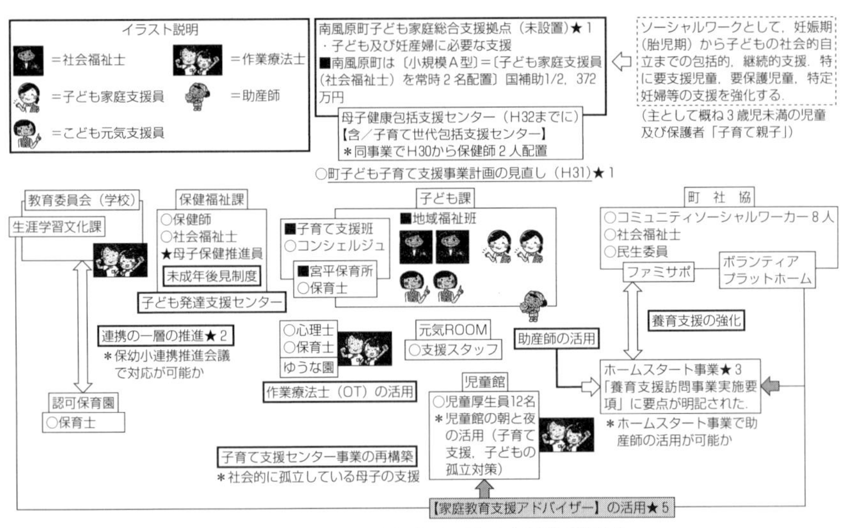

★１＝「市区町村子ども家庭総合支援拠点の設置運営等について」（平成29年３月31日／雇児発0331第49号）
★２＝「要支援児童等（特定妊婦を含む）の情報定期用に係る保健・医療・福祉・教育等の連携の一層の推進について」の一部改正．（平成30年７月20日子家発0720第４号，子母発0720第４号）．「学校，保育所，認定こども園及び認可外保育施設から市町村又は児童相談所への定期的な情報提供について」（府子本第760号，30文科初第601号，子発0720第８号）
★３＝「全国児童福祉主管課長会議」（平成29年２月20日）にて，「⑸市町村の体制整備について」の中で「ホームスタート事業」が言及された．「養育支援訪問事業の実施について」の一部改正について（平成29年４月３日雇児発0403第４号）にて要件が明記された．
★４＝「都道府県社会的養育推進計画」の策定について（平成30年７月６日子発0706第１号）子ども家庭総合支援拠点と子育て世代包括支援センターに言及
★５＝「家庭教育支援チームの登録制度について（平成30年４月23日事務連絡／文部科学省生涯学習政策局　男女共同参画学習課家庭教育支援室）」を参照

図1－2　妊娠期（胎児期）からの子どもとその家庭への継続的・包括的な支援

出典）南風原町民生部こども課（案）（2018）．

アは専門の我々がやりますよ」と語られた.

このように，ボランティアや地域住民も巻き込み，教育と福祉の行政機関と民間が一体となった「地域づくり」が計画的に取り組まれている[4].

イ．活動の実際①：認定 NPO 法人侍学園スクオーラ・今人沖縄校の活動（校長 蟇目崇氏への聞き取りから）

南風原町では内閣府の補助金を得て，二つの居場所が営まれている．侍学園とカナカナの活動である．この二つの居場所の代表者にお話をお伺いした．

① 侍学園の組織

侍学園は2004年に長野県上田に開校し，若者・子どもの自立支援活動を行ってきた．2014年４月に東京校を2016年４月に沖縄校を開校している．沖縄校校長の蟇目氏は2008年に来沖し，侍学園の代表理事 長岡氏とともに沖縄校を開校した．沖縄校には現在100名ほどの子どもたちが登録されており，加えてインターネット等からの個別の問い合わせも多いが，１日30〜40人に受け入れを調整し制限している．スタッフは８名おりボランティアを加えると常時10名ほどが活動している．

② 他機関との関係

学校との連携は，スタート当初課題がなかったわけではないが，実際に子どもたちが変化していくなかで理解が進んできている．「キッズ会議」には支援員が学校の情報を伝え，子どもの状況が変化する節目で教員が参加している．児童相談所（以下，児相）との関係については，児相につながる必要性の高いケースであっても侍学園が関わることによりそれを予防的に防いだり，また，児相に一時保護されて戻ってきた子どもたちが侍学園に通い，児相と情報共有することにより子どもの状態を安定させたりしている．また，侍学園は要対協のメンバーでもある．

③ 親との関係

電話をとらないとか，学校や行政との連絡を拒絶する親が少なくない．侍学園は子どもと一緒に玄関先まで行って，「害のない人間」として親にも子どもにもプレッシャーをかけない形で訪問し，子どもの変化等を伝えることによりコミュニケーションを図る．そうした日常の積み重ねが，例えば授業参観に参加するようになるとか，学校への姿勢が変化することにもつながっている．

④ 侍学園の専門性・地域性

現在，侍学園が受け入れている南風原町の子どもは15名程度であり，開校当初から，他市町村の行政や教育委員会，支援員，民間組織からの依頼もあり，南風原町の子どもに限らず，対応が難しい子どもを広域に受け入れてきた．それは侍学園の専門性の高さが一つの理由として挙げられるが，沖縄県の個々のケースの深刻さもその理由として指摘された．つまり，子どもたちの背景が深刻になればなるほど，同一地域の「居場所」には行きづらい，同じ学校の子どもたちと顔を合わせたくないという，子どもたちの事情も指摘された．ただ，これは「地域づくり」という観点からは問題性を含むことは否めない[5)]．

⑤「地域づくり」への展望

侍学園は2018年度で内閣府の補助金に基づく居場所事業から撤退し，居場所は「カナカナ」に統合される予定である．侍学園は元々「よそ者」意識がありそれを有効に生かそうとしている．NPO が「よそ者」であることにより，相談しやすかったり，地域のしがらみにとらわれず地域づくりに関わることができたりするという．加えて，「育てる視点でやってきた」という意識もある．内閣府の補助金がいつまで続くかわからない．その時に，子どもたちや家庭のニーズを掘り起こすだけ掘り起こしておいて，補助金がなくなれば置いてきぼりにするような状態が怖い．そこで，侍学園がこの事業から撤退することで，経済的に自立した持続可能な事業に転換されてほしいという思いが，侍学園にはある．そう考えると，侍学園は将来を見据えて「地域づくり」を展望し，指導的な立ち位置で取り組んできたと言える．

ウ．活動の実際②：一般社団法人カナカナの活動
（代表理事 仲本かなえ氏への聞き取り）

カナカナは常勤スタッフ４名と学生ボランティアで，次のような活動を行っている．

① 子どもへの関わり：当たり前の生活を当たり前にする

○子どもたちが三度の食事を食べられるようにする．ひどい子になると，給食１食しか食べていない．カナカナで食事を提供するだけではなく，例えば食

材を知らずキャベツとレタスの違いが分からなかったりするし，食べず嫌い．そこで，みんなで食事を作って，自宅で作ってくれる人がいなくても，自分で作れるようにする．

○生活習慣：みんなで掃除をして，掃除機の使い方，雑巾の絞り方から教える．お風呂に入る習慣をつける．匂いのする子ども，シラミがわいている子どももいる．「シャンプーで全身を洗っていたりとか，泡を洗い流せていなかったり．小さいときから，お母さんお父さんにやってもらって自分でできるようになることを，ここの間が抜けているので．シャワー入ったよと，ぬらしただけで出てきたりとかという子もいる」．

○週末の過ごし方：保護者がどこにも連れて行ってくれない．子どもたちが一番つらいのが夏休み明け．そこで，外遊びをする．公園，海や川や山，それに大型ショッピングセンターとか車がなければいけないところに行く．「この子たちにとっては初めての世界」．

○普通の家庭の「普通の光景」をすごす：お誕生日会をする．年末年始もあずかり，重箱を作り，初詣にでかける．地元の綱引き，沖縄の伝統行事にでかける．親たちもそのようなことを経験しないで育っている．

○仕事体験や学習支援：学習に関心がとぼしい家庭に育つ中で，学習する姿勢をつくる．

○孤立を防ぐ：異年齢のコミュニケーション，集団行動，わがままをぶつける，お互いを許したり，譲り合ったり．

② 保護者への関わり

○親が何をしているか，学校や行政がわからない場合でも，カナカナで子どもをあずかることにより状況を把握する．

○子どもに否定的なことしか言わない親がいっぱいいる．子どもたちはどこで褒められて，どこで認められるのだろう．

○送迎を生かした支援をする．毎日送り迎えをし，そこで保護者と出会う２・３分を大切にして保護者との関係を築く．お母さんはママ友みたいな関係性の方が周りにいない．話すだけで，お母さんたちからいろいろな悩みが出てくる．電気やガスが止められていることや家庭の困りごとを引き出したりして，役場に報告する．次第に一緒に掃除をしたり，一緒にPTAに参加したりするようになる.

○お母さんが変わる. 例えば, これまで食事を作らなかったお母さんが, 週に１回作るようになる. そしてその回数を増やしていく. そうして子どもを家庭に戻していく.

③ 他機関との関係

○週１回の「キッズ会議」がすごく重要. ケース会議をきちんとやる. 関係機関のなかで連携がしっかり取れている.

○カナカナが子どもに関わるというときには, 週１回の会議とは別に決定会議をする. 学校や教育委員会, 社会福祉協議会, 支援員と情報共有をし同意する.

○児童相談所から戻ってくる子どもを支援する場合もある.

④ 地域づくりについて

○子どもたちをカナカナから家庭に戻すときに, 児童館につなげたり, PTA活動や地域の子供会に誘ったり.

○行政と社会福祉協議会が中心となって, 地域づくりをしようとしている.

エ. 南風原町の取り組みの卓越性

以上の南風原町の取り組みから多くのことを学び取ることができる. 第一に, ボランティアや地域住民も巻き込み, 教育と福祉の行政機関と民間が一体となって, 妊娠期からの子どもとその家庭への継続的・包括的な支援計画＝「地域づくり」計画が, 現実的に実施可能な計画として作成されている. 第二に, その中で学校は課題をかかえる子どもをスクリーニングする重要な役割を果たしているが, 決して丸抱えすることなくあくまでも地域の中の一機関として位置付けられている. 第三に, ミクロなレベルでも多様な機関が参加する「キッズ会議」が組織され, マクロな支援計画を現実的に動かす組織の一つとなっている. 第四に居場所は子どもと関わるだけではなく, 家庭とのつながりを意識的に作り保護者支援にも発展させている. その際, 子どもの送迎が重要なツールとなっている.

3．補助金が支える沖縄の地域づくりから見えてきたこと

沖縄県の調査を経て以下のことを考えさせられた．

行政規模

第一は行政規模である．「キッズ会議」を開き一つ一つのケースにきめ細やかに対応するには，南風原町くらいの規模が適切のように思える（公立小学校：4校（3138人），公立中学校：3校（1518人），2019年度）．これより大きければ，那覇市が行おうとしているように，いくつかの行政区に分けて支援を組織することが適切であろう．これは，この後第4章で取り上げる大阪市西成区が中学校区単位で要対協を組織していることとも重なる[6)]．逆に小さすぎると国頭村のような人材のリソースの問題が生じる[7)]．

居場所の役割

小学校区単位で一つの子ども食堂という目標がよく掲げられる．確かに，居場所（子ども食堂）は，「子どもが歩いて行けるところ」という点から，また誰もが立ち寄れ，地域づくりのツールとなるという点でも，小学校区単位で設置されることが望ましい．しかし，一方で，本調査の中でもたびたび指摘されていたように，その居場所には重い課題を抱えた子どももやってくる．その課題を察知する専門性がそれぞれの居場所には必要だし，その解決のためには家庭への支援や行政等多機関とつながる力も必要となってくる．ところが，那覇市の行政のお話をお伺いしているとそこまでの役割を居場所に求めていないようであった．これは沖縄市の調査（沖縄市役所こどものまち推進部子ども家庭課への調査（2018年3月））でも同様であった．沖縄市では次のとおり語られた．居場所に来る子どもたちは居場所に定着してきている．ところが，支援員は居場所と地域の機関とをつなぐが，子どもたちの家庭に積極的に関わることはない．関わりすぎるとせっかく居場所に来た子どもたちが来なくなる可能性もある．例えば，連絡先を書く用紙があってそれを家庭に持って帰らせようとするが，これを持って帰ると居場所に来れなくなるからイヤだという子どももいる．しか

し，そういう子ほど支援が必要な場合が多い．居場所のスタッフだけでは抱えきれなくなってきている．居場所のあり方として，居場所は子どもが常に来れる場所であってほしい．あまり深く関わりすぎて関係性を崩してほしくない．そこに地域の人々がボランティアとか食事会とかで溶け込んでくれればいい．

以上を考えると，金城氏の指摘のとおり，重い課題を抱えた子どもをケアし，また一定地域の子ども食堂を指導しネットワーク化する，より専門性の高い居場所が小学校区よりももう少し広い地域を単位として必要である[8)]．今回調査したボランタリー組織はそのような役割を果たしている，あるいは果たしうる組織であった．

リーダーシップを持つ行政担当者の存在

第三に，支援計画を作成し実施する専門性とリーダーシップを持った行政担当者の存在である．沖縄県の子ども未来政策課課長や南風原町の子ども課課長には，強い熱意と専門性が感じられた．また，この典型が後述する明石市の市長だろう．

中央政府の主導性と地方自治

沖縄県は地域計画を市町村に委ねるだけではなく，一定の指導性を果たしている．また，「沖縄県子どもの貧困対策計画」は国，沖縄県，市町村の役割分担を簡単ではあるが述べている．県庁で聞き取り調査を行った際にも県の役割として強調されたことは，「子どもの貧困対策」の市町村への助言・普及であった．何から始めていいか，どうしていいかわからない市町村に県は助言し，一緒に取り組むようにしているという．具体的には，県内を５圏域に分け，各地域で行政，企業，NPO が参加する円卓会議を開き，例えば，① 居場所事業の好事例を発表し普及させる．そして，関係者同士の連携推進を図る．② 支援コーディネーターが毎月会議を行い，好事例を共有する．

それでは，国の役割はどうか．それはやはり財政負担である．本事例では，内務省はその使途をかなり限定しているが，その配分方法については沖縄県に委ねており，補助金を受けた市町村もそれぞれのやり方で取り組んでいる．国による使途の限定や市町村の行政能力に基づく格差等，問題がないわけではない．また，沖縄県への国家支援には「基地問題」という要因が潜んでいる．しかし，そのような裏事情とは関わりなく，本事例は「中央政府の主導性と地方自治」の一つのモデルとして参照に値する．

社会福祉協議会

南風原町では「子どもの貧困」への取り組みの策定や実施において町社会福祉協議会の存在が強調された．那覇市でも市社協が一定の役割を果たしている．この後の第2章でも県社協が中心となった取り組みとして滋賀県を取り上げる．

連結型政府

県庁でも市町村でも，全庁体制や福祉部局と学校及び教育委員会の教育部局との関係について，連携の必要性とそれへの取り組みや課題が語られた．統計的にも支援員と居場所との結びつきは強かったが，支援員と学校との結びつきはそれほどではなかった．この後の章でも注視していきたい．

註

1）沖縄振興第5次開発計画（2012-2021）は，初めて沖縄県が策定権を得た計画と言われる．

2）内閣府と沖縄県の「沖縄子供の貧困緊急対策アンケート調査結果について」(2019年6月）でも，保護者の回答では，支援員から受けた教育に関するサポートについて「無料塾へのつなぎ」が62.1%，「就学援助の手続き」が46.1%あるのに対し，「学校との調整」は37.4%にすぎない．

3）本調査は2018年8月に行ったが，2019年度に一つの居場所に統合される予定であった．

4）インタビューで熱心に語られたもう一つのことは，学校への作業療法士の導入であった．町の福祉部局がまず学童保育に導入し，効果を確認して小学校にも導入を進めている．この小学校への導入が，福祉部局主導で教育委員会を説得して進められていること＝行政の縦割りを超えた連携に驚かされる．

5）内閣府からの補助金の対象は南風原町の子どもたちに限られ，広域の子どもたちの受け入れには，沖縄県からの補助金が活用されている．

6）第Ⅱ部の執筆者の一人である沖縄市の鈴木友一郎は次のとおり語ってくれた．「子どもの個別のプランを作ってゴールを見据えていく．居場所だけで完結できるわけではない．学校もあって，地域もあって，親の状況もある．包括的に子どもの育ちを支えていく．そこに行政との温度差があって，居場所としてのプランだけではなく，全体に包括的に子どもの育ちをどうしていくかに舵が切れていない．学校としてもどこまでやっていいのかわからない．子どもを支援している人々と家庭のケースを知っている機関等が中学校区くらいを規模に連携することを考えている．」

7） 2019年に改訂された「沖縄県子どもの貧困対策計画」でも，小規模離島町村への貧困対策支援員の派遣が新たに課題とされている．

8） 2019年に改訂された「沖縄県子どもの貧困対策計画」でも，居場所が設定されていない小学校区への居場所開設の促進が新たな計画となっている．一方，沖縄県子ども未来政策課への聞き取り調査では，専門性の高い拠点の必要性も語られた．

引用・参考文献

沖縄県子ども総合研究所編（2017）『沖縄子どもの貧困白書』かもがわ出版．

島袋純（n. d.）「沖縄のソーシャルキャピタル：地域社会の実情と再生の可能性」．

戸室健作（2016）「都道府県別の貧困率，ワーキングプア率，子どもの貧困率，捕捉率の検討」『山形大学人文学部研究年報』13号．

（谷川至孝）

第2章 滋賀県

―― 社会福祉協議会を中心とした取り組み ――

1．脈々と受け継がれる共助の福祉

（1）福祉の滋賀県

近江学園を創設し「この子らを世の光に」という言葉を残した糸賀一雄の実践に代表されるように，知的障がいの福祉を中心にして滋賀県は「福祉の先進県」と言われた時代がある．戦後の滋賀県の福祉は先駆者たちによって，地域の中で障がいを抱えた人たちが共に生きる社会づくりを進めてきた．

その滋賀の知的障がいの福祉の発展と重なるように，小地域福祉活動と呼ばれる学区社会福祉協議会を中心とした活動が，滋賀の地域福祉に根付いている．1950年代の「昭和の大合併」によって，旧の町村は，行政区割りで学区となり残っていく中で，滋賀県では旧の町村単位である小学校区を中心として小地域での学区社会福祉協議会づくりが進んでいった．ここでの小地域福祉づくり活動では，「上から与えられる地域住民活動」から「自ら作り，かちとる地域住民活動」として住民主体の地域福祉活動の精神が滋賀県内に根付いていくこととなった．このように滋賀県では戦後から続く地域福祉実践の積み重ねの中で，今回紹介する「滋賀の縁創造実践センター」での地域による子どもの居場所活動へとつながっていったことが考えられる．

（2）抱きしめてBIWAKO

1980年代後半，滋賀県大津市のはずれにあった，第一びわこ学園（重症心身障害児施設）は老朽化や事業拡大のために移転をすることになった．当時びわこ学園の掲げた福祉を実践するためには，移転にかかる経費が法人と国や県などの補助では到底まかないきれない試算となった．そこで移転費用を支援するための資金作りのアイディアの一つとして，1986年にアメリカで行われた「ハンズ・アクロス・アメリカ」という貧困支援のチャリティーイベント（数百万人の人たちが一人15ドルの寄付を持って東海岸から西海岸まで手をつないだイベント）と同じことが，滋賀県のシンボルである琵琶湖で行えないかという声があがった．滋賀県大津市にある児童養護施設の園長であった中沢弘幸らが構想し，1987年1月に数名の有志による準備委員会が始まり，中沢が実行委員長となって「抱きしめてBIWAKO」の取り組みがスタートした．

約一年後の1987年11月8日，1人1000円の寄付金を持って湖周240kmある琵琶湖を手をつないで抱きしめようと企画されたこのチャリティーイベントは，結果としてはメッセージを含めて約26万4000人の参加を得て約1億1000万円の収益をあげ，約6500万円の施設移転のための寄付（日本重症児福祉協会にも寄付はされている）を届けることができた．当時，滋賀県で生活をしていた市民にこのプロジェクトについてたずねると「参加した」「知っている」と答える者が多く，滋賀県全体を巻き込んだ取り組みであったことが伺える．

しかし，この取り組みについての文献をあたると，滋賀県全体を巻き込んだこの共助の取り組みとしての評価は大きくわかれることとなる．ジャーナリストがドキュメンタリーとして詳細にイベントの当日までの動きを記録した文献によると，スローガンや熱意を持った個人や小さな集団だけで県民全体を巻き込む共助の取り組みを進めていくことの難しさや組織づくりの葛藤が時系列で記録されている．実際にこのイベントは前半の半年間は空回りを続けて失敗に向かっていく．その中，大きく変容していくのは，実行委員会設立から半年後，7月に湖南消費生活協同組合の理事長であった細谷卓爾が事務総長に就任したことが大きかったようである．事務総長となった細谷は今までの組合や政治活動での経験を生かし，それまでの個人に訴える共助から戦略的に団体へ協力要請を依頼し，各団体の動員によってイベントを作り出す共助の形を作っていった．

確かに，細谷の活動によって，最終的に先に報告したような大きな成果をあげることができたと考えられる．他方で，福祉関係の実践記録の中には，中沢たち当初の取り組みは触れられないどころか，このプロジェクトそのものが池田太郎，田村一二，守田厚子ら滋賀の福祉の先駆者たちを発起人とする，滋賀県社会福祉協議会，滋賀県労働者福祉対策協議会ら17の幹事団体が協力した取り組みと説明され，このイベントによって市民の福祉意識が高まりNPO法人法の設立と共に市民による福祉活動づくりの動きにつながっていったと記録されている．抱きしめてBIWAKOは，「共助」と呼ばれる活動が「お互い様」「支えあい」というスローガンだけで市民を動かすことは難しく，綺麗ごとだけではなく戦略的に組織づくりや運動づくりを行わなければ難しい取り組みである現実を滋賀県内の福祉関係者に表出化させた取り組みであったのかもしれない．

（3）滋賀の縁創造実践センター

2016年の社会福祉法の改正によって，社会福祉法人の地域における公益的な取り組みを行う規定が盛り込まれることとなった．2014年9月に誕生した「滋賀の縁創造実践センター」は，その法改正の動きを見越して，単独の社会福祉法人ではできることに限りがあるが，複数の団体が参加することでダイナミッ

表2-1　企画会議となる七つの小委員会とリーディングプロジェクト

1　重度の障害のある人の地域生活支援　→　制度の横だし・運用改善小委員会 医療的ケアの必要な重度障害児・者の高齢者施設での入浴支援（9名が利用） 2　社会的養護にかかる子どもたちの自立支援　→　要養護児童の自立支援小委員会 社会的養護の子どもたちが参加する「ハローわくわく仕事体験」とアフターケア「ほっとスポット」（2カ所） 3　支援に結びつかないひきこもり　→　ひきこもり等の支援小委員会 ひきこもり支援モデル活動「奏」によるアウトリーチと居場所づくり 4　相談の場はあるがその後の場がない　→　生きづらさを抱えた人の働く場づくり小委員会 制度の狭間で就業機会のない人たちが会員団体の発送作業で働き体験「傍楽体験」（5団体で実施） 5　様々な人の「居場所」が必要　→　居場所づくり小委員会 福祉施設を活用した夜の子どもの居場所「フリースペース」（10カ所） 6　福祉関係者のたて・よこのつながりが弱くなっている　→　縁結びつながりづくり小委員会 独身福祉職員の出会いの場「福こい♥縁結び」 福祉職員と福祉を学ぶ学生の出会いの場「ふく楽café」 7　一つのサービスや制度だけでは支えられない人や家族が増えている　→　気づきシート小委員会 分野を超えて福祉従事者の自己研鑽の場「滋賀の縁塾」「事例検討他職種サロン」の開催

リーディングプロジェクト　→　遊べる・学べる淡海子ども食堂プロジェクトチーム 滋賀県内95カ所の子ども食堂の立ち上げ支援．開設準備講座，実践者研修，交流会の開催

出典）「えにし通信」「えにし白書」より筆者作成．

表2-2　平成28年度 滋賀の縁創造実践センター　収支決算

(単位：円)

項　目		収　入	支　出
基金から繰入れ		49,000,000	
県補助金		10,500,000	
雑収入		1,239,000	
運営費			7,129,171
	嘱託職員人件費		3,475,467
	職員派遣補助金		3,000,000
	役員会開催費		193,996
	総会等開催費		459,708
事業費			44,985,711
	淡海子ども食堂推進費		14,140,976
	“縁”認証事業費		62,574
	課題別事業実施費（居場所づくり）		6,237,589
	課題別事業実施費（要養護児童自立支援）		911,398
	課題別事業実施費（ひきこもり等の支援）		7,619,520
	課題別事業実施費（働く場づくり）		391,511
	課題別事業実施費（制度横だし）		2,504,848
	ひとり親家庭調査研究事業費		1,695,044
	課題解決のためのネットワークづくり事業費		1,717,842
	縁結び・つながりづくり事業費		644,415
	「えにしの日」事業費		163,537
	縁県民運動推進協議会事業費		808,423
	広報啓発費		4,403,083
	企画会議開催費		364,720
	職員旅費		837,200
	事務費（共通経費）		2483,031
合　計		60,739,000	52,114,882

出典）谷口・永田（2018：197）より引用．表中の網かけは幸重による．

クな事業展開を行えるという構想のもとで誕生した会員制の任意団体である．そして，実際に滋賀県内の児童・保育・障害・高齢分野の施設協議会や社会福祉法人，民間福祉施設・事業所，専門職の職能団体，社会福祉協議会，民生委員児童委員協議会，老人クラブ連合会，さらには企業の社会貢献ネットワーク組織，滋賀県レイカディア大学など100以上の団体が会員として参加した．

このセンターでは「だれもがおめでとうと誕生を祝福され，ありがとうと看取られる社会をつくろう」「自覚者が責任者」という理念のもとで，制度の狭間の問題，複合的課題など見落とされがちな福祉課題を解決するために必要な事業を創造し実践していった．運営資金についても参加団体が拠出金（会費）や寄付などを出資するファンド形式で資金を集め，そこに滋賀県が基金で補助して約一億円という活動資金を作り出すことができた．この内県社会福祉協議会は3000万円を拠出し，またスタッフも配置し事務局を担った．このように同センターは画期的な共助のプロジェクトであった．

設立当初は七つの小委員会がそれぞれモデル事業の企画立案を行った（表2-1）．プロジェクトそのものは5年の期限を設定し事業を展開していったが，設立当初の計画と解散時の活動報告を見比べると，5年間という限られた期間で事業を創造し実践していくことは難しく，大きな成果を出すことができた事業と鳴かず飛ばずで終わってしまった事業とに二極化された印象が強い．その中でも決算の事業規模から見えるように，大きな成果を出せたものの代表事業が後述する子どもの居場所づくりに関わる「淡海子ども食堂」「夜の居場所フリースペース」になる（表2-2）．

なお5年満了後は，当初の計画どおり任意団体としての滋賀の縁創造実践センターは解散し，2019年4月からは，このプロジェクトにおいて事務局を担った滋賀県社会福祉協議会が，滋賀の縁創造実践センターの理念と実践を継承することになった．

2．淡海子ども食堂

（1）無料学習支援による居場所づくりの限界

2013年に成立した生活困窮者自立支援法による地域の学習支援事業が全国的に注目される中，滋賀県でも無料学習支援については，市町の社会福祉協議会やNPO団体を中心に一定の広がりを見せていた．しかし，生活困窮者自立支援法が対象の子どもを「生活保護世帯や生活困窮世帯の子ども」としたことや，高校受験を意識して中学3年生を対象にした活動が多かったことから，高校受験の勉強を教えるスキルを持った地域住民しか参加が難しく，また生活保護世帯の子どもが多かったことで，会場を含めてオープンな居場所となりえなかった．そのことから，この活動を滋賀の縁創造実践センターが考える「子どもの居場所づくり」活動のメインフレームに組み込むことは難しかった．

無料学習支援事業は制度化によって各市町で隈なく実施することになったが，滋賀県ではこの学習支援による居場所づくりは新たな活動を創造し実践する要素を持ちながら，点の活動となってしまい他の先進地域と比べて子どもの居場所としての発展性は急速に衰えていった．

（2）学校の数と同じ数の子ども食堂を目指して

「子ども食堂」というキーワードが全国的に注目されたのは，まさに滋賀の縁創造実践センターが誕生した2014年と重なる．滋賀の縁創造実践センターの立ち上げ期は「子ども食堂」に関わる事業は全く姿が見えなかったが，設立初年度となる2014年度の最後に「淡海子ども食堂プロジェクトチーム」が立ち上がり，そこから急速に滋賀の縁創造実践センターの看板事業（リーディングプロジェクト）となっていく．立ち上げの一つのきっかけとして2014年12月に大津市で開催された大津市子どもの学習支援ネットワーク主催の活動報告会の基調講演に，当時メディアで注目されていたNPO法人豊島子どもWAKUWAKUネットワーク理事長 栗林知絵子氏が「子ども食堂」について講演し，その講演内容に大きな影響を受けたことが考えられる．

この時期，全国各地で次々と誕生した「子ども食堂」は，メディアによる報道に触発される形で個人や団体が単発で立ち上げるものがほとんどで，活動基盤がもとからあった団体ではない「子ども食堂」の多くが，勢いで立ち上げたものの子どもたちが集まらない，地域から反対にあう，集まったスタッフやボランティアの目標がバラバラで組織づくりに躓くなど悪戦苦闘していた．その中，滋賀県の取り組みは全国的にも珍しく「子ども食堂づくりのためのネットワーク」を先に構築し，その結果子ども食堂を立ち上げたい地域の人たちの思いが形になるような様々な仕掛けが作られたことで，全国的にも子ども食堂の実践として注目される自治体の一つとなった．

（3）子ども食堂の種をまき育てる仕組み（図2-1）

滋賀の縁創造実践センターでは，プロジェクトチーム立ち上げから半年で，「淡海子ども食堂のモデル事業」募集を開始し，立ち上げ資金として3年間で40万円補助される仕組みを作りあげた．このスピード感は，税金を原資とする行政の支援ではなく，民間団体が資金を持ち寄って作った団体だからこそ生み出されたものであろう．そしてこのプロジェクトチームで一つのキーワードになったのが「滋賀県内に300カ所の子ども食堂を作ろう」という目標数値の設定である．これは滋賀県内の小中学校の数とほぼ同じ数値で，子ども食堂は子どもたちが歩いて通える場所に作られてこそ意味があるという願いが目標数値に込められている．まさに滋賀県社会福祉協議会が長年かけて滋賀県内に意識づけていった「学区社会福祉協議会（小地域福祉活動）」の仕組みともリンクする考え方であった．

とはいえこの数値目標を達成するためには，必要な運営資金の補助だけでは，滋賀県内での子ども食堂の取り組みが広がっていくことは難しかったであろう．そこにもう一つの仕掛けとして2016年度から滋賀県内各地にプロジェクトチームが出向く形で「淡海子ども食堂開設準備講座」を行った成果も大きかった．地域による居場所とはいえ滋賀県内を見渡せば，地域性は様々であることから，各地域の特性にあった子ども食堂を開設してもらうように，滋賀県内の各地で講座を開催し，地域性を生かした形の内容が企画された．この講座を重ねることで数ある子ども食堂の中でもモデルになる子ども食堂が前に立ち，実践報告や参加者・団体の素朴な疑問に，すでに開催地域で実践する子ども食堂のメンバーやプロジェクトメンバーが答えていくことを繰り返し行った．その結果，モデル事業たちあげから4年でまずは100カ所の子ども食堂が滋賀県内に誕生することになる．

このように急速に広がっていく滋賀県の子ども食堂の特徴の一つとして，立ち上がった後に活動を休止，解散した子ども食堂の数の少なさが挙げられる（ただしコロナによる活動休止宣言まで）．そこにはさらなる二つの仕掛けがあった．その一つが子ども食堂の実践者研修会である．運営や子どもとの関わり方，食などのテーマにあわせて，子ども食堂を運営している実践者向けの研修会を数多く開催したことが，立ち上げ以降の子ども食堂が陥りやすい悩みを減らすこ

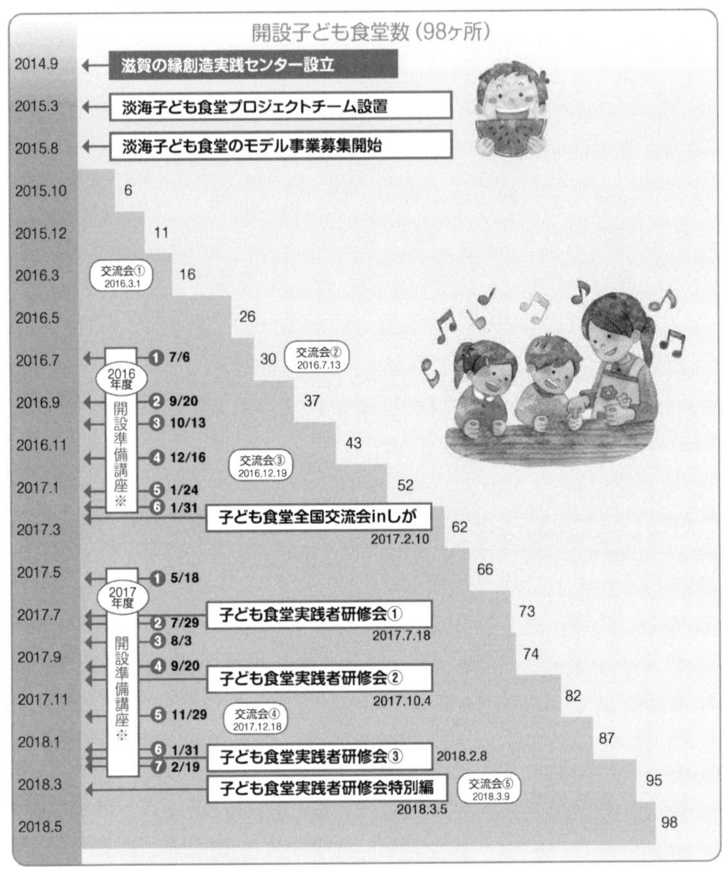

図２－１　淡海子ども食堂のあゆみ

出典）遊べる・学べる淡海子ども食堂プロジェクトチーム（2018）『遊べる・学べる淡海子ども食堂ガイドブック【入門編】』滋賀県社会福祉協議会（滋賀の縁創造実践センター），p. 19.

とにつながったと考えられる．もう一つは，日々の運営などの困りごとに対応すべく，各市町の社会福祉協議会の子ども食堂担当職員向けにも研修を行い，活動の悩み事に即時に各地域で的確に対応する体制づくりを行ってきた．こうした仕掛けが滋賀県内の子ども食堂の活動継続に大きな力を発揮した．やがて県内の先駆的な自治体（市町）によって独自の子ども食堂ネットワークも形成されていった．

（4）子ども食堂から広がる支援の輪とその課題

5年限定のプロジェクトである滋賀の縁創造実践センターの取り組みが折り返し地点を過ぎた2017年に，淡海子ども食堂の取り組みを継続的に支援するために「子どもの笑顔はぐくみプロジェクト」が誕生した．県内各地にスーパーなどを構える平和堂からは，子ども食堂で使える平和堂商品券が年間約600万円分プロジェクトに寄付され，毎年子ども食堂やフリースペースに配分されている．現金の寄付と違って，必ず平和堂での買い物で使われる仕組みという点においても，企業にとってメリットのある子どもの居場所支援である．そのほか株式会社セブンイレブン・ジャパンなどからも，コンビニで売り切れなかった調味料や食材やお菓子などがプロジェクトを通して寄付され，子ども食堂に配分されている．

しかしながら滋賀県内の企業，団体が子ども食堂を応援するという目的で作られた支援プロジェクトであったが，登録団体の9割近くが子ども食堂を運営する各団体自身であり，先に紹介した一部の大手企業による支援以外のつながりの輪づくりについては現在，停滞している状況である．このような現状にもかかわらず，滋賀県議会などで，県による子ども食堂への資金面での支援についての質問が出されるたびに県は直接，子ども食堂を応援するのではなく，「子どもの笑顔はぐくみプロジェクト」を応援することで中間支援に徹するという答弁が繰り返され，共助のネットワークによって公助が果たすべく責任を果たさなくなっている課題も新たに生まれている．

3．フリースペース

（1）居場所づくり小委員会から誕生

淡海子ども食堂は，当初滋賀の縁創造実践センターの事業として計画されておらず，団体設立後に誕生した子どもの居場所づくり活動であったが，次に紹介する「社会福祉施設等を活用した子どもの夜の居場所フリースペース」は，センター設立当初に立ち上がっていた七つの小委員会の一つ「居場所づくり」小委員会から誕生した事業である．委員の多くが高齢者福祉に関わるメンバーであったことから，まずは居場所づくり小委員会として，子どもたちを取り巻く様々な課題についての学習を行った．その結果，委員のメンバーは地域から見えにくい不登校や子どもの貧困，虐待課題について知り，そのような子どもたちを地域で支えるトワイライトステイ事業が，すでに大津市で行われていることを学び，さっそく小委員会として視察に行くこととなった．

この地域によるトワイライトステイ事業は，第5章で説明される山科醍醐こどものひろばから始まり，大津市で広がっている取り組みであった．視察を終えて，3人程度の要支援家庭の子どもたちに週に1回の頻度で当たり前の夕刻の生活を支える取り組みは，高齢者福祉施設であれば負担なく行えるどころか，食事の提供・入浴・送迎すべて施設内の資源でまかなうことができ，社会福祉施設ならではの強みを生かせることが考えられたため，居場所づくり小委員会は，さっそくフリースペースの立ち上げ準備に取りかかることとなった．

（2）ケア型の子どもの居場所（図2-2）

フリースペースでのプログラムはすでに大津市で行われていたトワイライトステイというモデルがあったため，実施については施設内の調整を行うだけで可能であった．また，地域にいる要支援家庭の子どもたちをフリースペースにつなげるところが本来ならかなりの困難なこととなるのだが，この仕組みについても，すでにこどもソーシャルワークセンターがスクールソーシャルワーカーを活用して必要な子どもをケア型の居場所につなげる仕組みを構築していたことから，スクールソーシャルワーカーを通して必要な子どもたち（要支援家庭の子ども）がフリースペースに通うまでには多くの時間を必要としなかった．さらにこのタイミングで滋賀県教育委員会のスクールソーシャルワーカー活用事業内に「子どもの貧困対策におけるスクールソーシャルワーカーの特別派遣」枠が新設されたことが，さらにこの事業を進展させた．

要支援家庭の子どもたち，不登校の子どもたちに関わる上で必要な知識やノウハウについては，スクールソーシャルワーカー経験者やトワイライトステイを実施するNPOなどの職員をはじめとする「子どもに関わるワーカー」をフリースペースに配置し，そこへ市町の社会福祉協議会が運営支援に入る形で，地域のボランティアをつなげる仕組みを作りあげることとなった．その結果，爆発的に滋賀県内に広がった淡海子ども食堂とは対照的に，フリースペースは

フリースペースの実施体制

フリースペースは、困っている子どもを真ん中において、高齢や障害等の社会福祉施設、地域のボランティア、社会福祉協議会、子ども・家庭に関わる福祉行政、教育行政・学校等が役割分担をしながら実践しています。

関係機関とそれぞれの役割

CSW…コミュニティソーシャルワーカー　SSW…スクールソーシャルワーカー

社会福祉施設 （施設職員）	スペースの提供、食事やお風呂の準備、子どもの送迎、関係機関との連絡 等
社会福祉協議会 （ボランティアコーディネーター、CSW 等）	ボランティアコーディネート、家庭の相談支援、地域とのつながりづくり 等
子ども・家庭に関わる福祉行政 （子ども家庭相談室、生活困窮担当課、社会福祉課、保健師 等）	子どもや保護者支援に関わる支援の調整 等
教育行政・学校 （教育委員会、校長、担任、養護教諭、SSW 等）	子ども・家庭の支援での連携

当日の運営を担う人とそれぞれの役割

ボランティア （地域の人や学生、施設職員 等）	子どもと一緒に夜の時間を過ごす
子どもと関わるワーカー （専門知識や経験のある地域の人や施設職員）	活動時間中の子どもとの関わりや時間の管理など、活動の全体を見る 親との関係づくり、ボランティアのフォロー
管理人 （施設職員）	施設の管理・調整

役割はフリースペースごとによって異なり、その地域に合った形を見つけながら実施しています。

図２-２　フリースペースの実施体制

出典）滋賀県社会福祉協議会（2019）『フリースペースガイドブック』滋賀の縁創造センター居場所づくり小委員会，p.7.

一つずつ着実に県内に広がっていった．

（3）児童福祉施設ではない福祉施設で子どもの居場所づくりを行う意味

全国的に見て，学習支援や子ども食堂などで高齢者施設等の活用実践はあったが，夜の生活支援に特化した取り組みを県域で行った実践は滋賀県のフリースペースが全国で初めてであった．もともと生活支援の場である福祉施設と夜の子どもたちの生活支援は相性が良く，施設側で入浴設備の提供や送迎体制を整えられることは要支援家庭の夜の居場所づくりをする上で大きなアドバンテージとなった．

またフリースペースを行うことで，施設側にとってもメリットがあることが見えてきた．入居者との交流はどのフリースペースでも意図的に行うことは少ないが，高齢者や障がい者が過ごす空間に子どもたちが自然といることで入居者にも大きな変化が見られたことを報告するフリースペースは多い．普段，施設に子どもが来る時は，家族の付き添いで特定の利用者との関わりのために来るか，学校や保育園・幼稚園などの慰問訪問のみで，そこでは自然な交流は望めない．しかしフリースペース活動が定着していくと，毎週決まった夜の時間に子どもたちの声や笑いが施設内に響くことが日常になっていく．ある認知症の利用者はいつも眉間にしわを寄せて厳しい顔で過ごしているが，フリースペースで子どもたちが来る日はなぜか表情が和らいでいるという．一方，親がうつ病で，家で親との会話がほとんどないある子どもは，フリースペースで毎回同じことを質問してくる認知症の高齢者にいつも決まった返事を返しているが，お互いとてもいい表情でこのルーチンのやりとりを楽しんでいる．このような一緒の空間で過ごすことで自然と発生する小さなコミュニケーションは，子どもにとっても高齢者や障がい者などの利用者にとっても刺激的な意味ある機会となっている．

フリースペースを行っている施設の職員に行った調査からも，フリースペースを行うことがそこで働く施設職員にも影響を与えていることが伺える．まずは施設が利用者だけでなく，地域貢献を行っていることが目に見えやすい点，子ども・障がい・高齢と分野は違えど関わり方や関係機関との連携は同じであることを再確認できることで施設職員の支援の広がりや価値観の変容にも大き

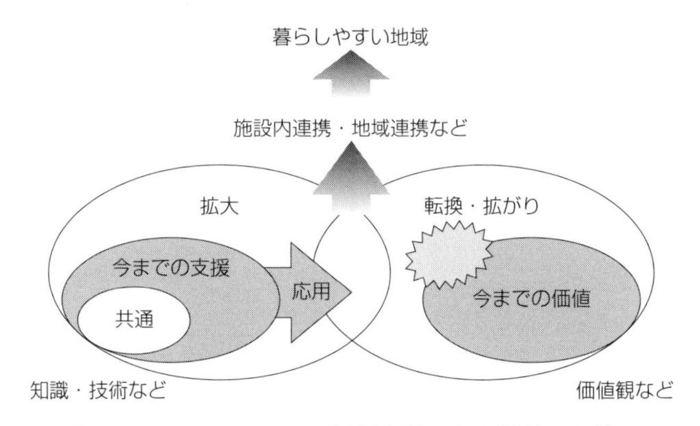

図2-3 フリースペース活用を通した支援者の支援の広がりや価値観の変容

出典）谷口・永田監修，佐藤編（2020：94）より．

な成果を出している（図2-3）．

4．共助の限界（コロナ禍による活動停滞）

全国に先駆け社会福祉法人や社会福祉団体が手をつなぐ形で進んだ子どもの居場所づくり「淡海子ども食堂」「夜の居場所フリースペース」は，滋賀の縁創造実践センターのリーダーシップによって順調に滋賀県内に広がっていくかに見えたが，2020年3月より突然その歩みが止まる．「新型コロナウイルス感染拡大」のため「淡海子ども食堂」「夜の居場所フリースペース」の多くが活動を休止した．子ども食堂は人が集まる活動であり，その担い手は地域のボランティアであったことから子ども食堂をすることで感染者が出るリスクがあること，そもそも地域を基盤とした活動であることから，人を集める活動そのものへの同じ地域住民からの批難が予想されたこと，多くの子ども食堂は会場を公的な施設を使って実施していたことで，会場の確保ができなかったことが理由である．フリースペースに至っては子どもの参加は数人，集まる地域ボランティアも数人という感染リスクは少ない活動ではあったが，会場の多くが高齢者施設であったことから，職員，利用者以外の人の出入りが施設として中止され，施設を利用する家族の面会すらもできない状況の中で，地域貢献活動であるフリースペース活動が中止になることは必然であっただろう．

しかし最大の問題は，子ども食堂やフリースペースが中止になったことではなく，ここまでリーダーシップを発揮してネットワークを作ってきた滋賀県社会福祉協議会が県内の子ども食堂に2020年２月28日付けで「子ども食堂の開催中止について（お願い）」の要請依頼を出した点である．明らかにその前日に突然内閣総理大臣が宣言した「臨時休校要請」に呼応して行われた依頼であり，この要請依頼について十分な議論もなく国に右ならえで中止の指示が地域の居場所活動に出されたことになる．中止要請から２週間後に送られてきた県内の子ども食堂活動状況の緊急アンケートの調査内容から，何らかの形で活動を続けていた子ども食堂は県内でわずか14％であった．中止要請の影響の大きさが伺える．

他の都道府県では，多くの子ども食堂が，一斉休校で家にいることを強いられたからこそ要支援家庭の子どもたちの状況はより危機的になったと考え，集まらない形を取りながらも様々な工夫（例えば弁当の無料配布など）で活動を継続していた．もちろん葛藤を抱えながら休止を選択した子ども食堂も全国には多く存在したと思われるが，その葛藤は活動再開において大きな力になるはずである．しかし滋賀県の場合は，早期にネットワークから中止要請が出たことによって「子どもたちのことを考え，悩む」プロセスをとばして，中止要請に従って活動を休止した．この活動休止の選択は，実は「子どもの人権擁護」の観点から考えて大きなミスリードを生み出すことになった．このようにリーダーシップが逆側に働いた時に，地域の共助による活動は簡単に止まってしまうことを結果として滋賀県では証明してしまうこととなった．また，社会福祉協議会が子ども食堂のネットワーク事務局を担っていたことがこの時期では完全に裏目に出てしまっている．社会福祉協議会は，今までに経験したことがない量の貸付業務に追われ正直なところ「子ども食堂」どころでなかったという事情が考えられるからだ．

しかし子ども食堂やフリースペースなどの居場所を必要とする要支援家庭の子どもたち，特に地域の居場所が命綱になるような子どもたちにとっては，ネットワークによる中止要請や他の業務に追われていたなどの大人の事情は全く関係がない．その子どもたちの瞳に映るのは一番しんどい時期に「中止」という形で大事な居場所を大人の都合で一方的に奪われてしまったことだけである．このような深刻な事態を招いたことについてどのように考えているのかはコロナによる困難が続いている中で，滋賀県社会福祉協議会からは何も表明されていない．「ひたすらなるつながり」という言葉で行われた，これらの子どもの居場所に関わる取り組みは，平常時においては聞こえのいいフレーズであったのかもしれない．しかし，結局のところ困難な子どもの姿が見えていない理解していないトップダウンの取り組みについては非常時には脆く，地域のつながりもまた「余裕がある」からこそできる共助であったのかもしれない，という大きな課題を生み出す結果となった．

1987年に「抱きしめてBIWAKO」という滋賀県をあげて行われた共助の取り組みについて，約25年たった現在においてもその成果について「成功」「失敗」という真逆の二つの言葉が残っている．しかし「抱きしめてBIWAKO」という企画そのものについての評価は大きく分かれるものの，このイベントをきっかけに新たな「共助」の精神が地域に生まれ，市民による福祉活動が活発になっていったことは間違いのない事実である．「滋賀の縁創造実践センター」が行った子どもの居場所に関わる取り組みも，まだこの時点では「成功」したのか「失敗」したのか判断をすることはできないし，数十年経っても結論は出ないかもしれない．しかしながら，滋賀県の中に新たな「共助」の可能性や地域住民の意識に変化を起こした取り組みになったこともまた間違いない事実であろう．コロナ収束後の社会の中で，子ども食堂やフリースペースは，当初の目標であった子どもたちが歩いて通える県内300カ所を目指しふたたび活動を再開していくのか，このままなし崩し的に活動が縮小し，一つのブームで終わっていくのか今はまだその岐路の中にある．

参考文献

今関信子（2009）『命をつなぐ250キロメートル――抱きしめてBIWAKO』童心社．
黒田ジャーナル（1989）『抱きしめて琵琶湖』角川書店．
滋賀県社会福祉協議会編（2004）『みんなちがってみな同じ』サンライズ出版．
高谷清（2011）『重い障害を生きるということ』岩波書店．

谷口郁美・永田祐（2018）『越境する地域福祉実践』全国社会福祉協議会.

谷口郁美・永田祐監修，佐藤桃子編（2020）『子どもと地域の架け橋づくり』全国コミュニティライフサポートセンター.

淡海環境保全財団（2004）「はじまりは「抱きしめてBIWAKO」」『明日の淡海11号』（2004年10月発行），pp. 2-5.

淡海環境保全財団（2005）「「抱きしめてBIWAKO」で変わったもの」『明日の淡海12号』（2005年３月発行），pp. 13-16.

幸重忠孝（2020）「一斉休校と子どもの居場所」『教育』895号，教育科学研究会，pp. 75-82.

（幸重忠孝）

第3章

明　石　市

──首長の政策展開に基づく地域づくり──

明石市は，神戸市と接し，大阪駅にも明石駅から約40分で到着する．新幹線ひかり号が西明石駅に停車する．人口は29万7975人（2015年国勢調査）．2018年に中核市に移行した．2011年に現明石市長 泉房穂が市長となり「こどもを核としたまちづくり」をかかげ，精力的に画期的なまちづくりを展開している．

1．子ども家庭福祉に関する施策

明石市の子ども家庭施策は大きく二つに分けられる．第一は所得制限を設けずすべての子どもを対象としたベーシックな施策であり，第二は特定の課題，家庭を対象とした施策である．

（1）ユニバーサルで基盤的な施策

表3-1は所得制限を設けずにすべての子どもを対象とした無料の施策である．ただ，①から③の施策と④から⑦の施策では性格が異なり，④から⑦の施策は，予防的支援あるいは課題を発見するスクリーニングの役割が強く意識されている．⑦の子ども食堂にしても「広報あかし」（2018年8月15日）によると，「あかし版こども食堂」の機能は，1）すべての子どもを対象として，すべての子どもが気軽に立ちよれる場所，2）地域の大人が子どもに関心を持ち，支援が必要な子どもを早期発見し行政などの支援につなげる場所，3）あらゆる世代が交流し，つながりの輪を広げる場所，と説明されている（下線：谷川）．

（2）選別的で特定の課題に対応する施策

（1）のユニバーサルな施策で，課題が明確となった子どもやその家庭にはその課題を克服する事後対応の施策が必要となる．以下の四つの施策はこの役

表３－１　すべての子どもを対象とした施策

① 子ども医療費の無料化	2013年より中学生まで，2021年７月から高校生までに延長
② 第二子以降保育料の無料化	2016年より（関西初），2019年より副食費も無料（下記で説明）
③ 中学校給食の無料化	2016年より中学校給食実施，2020年より無料化（中核市では初）
④ 妊婦全数面接	子育て世代包括支援センターで，来所できない方には家庭訪問
⑤ こどもスマイル100%プロジェクト	2014年より（下記で説明）
⑥ おむつ定期便	2020年より（下記で説明）
⑦ 子ども食堂	全28小学校区に44カ所開設（2021年２月）

② 全国の第一子及び第二子以降の保育料については，２歳までは有料，３歳以降は無料
　同副食費については，２歳までは保育料に含まれ，３歳以降は実費負担
⑤ こどもスマイル100%プロジェクト：「こんにちは赤ちゃん事業」や乳幼児健診をまず行い，４カ月健診未受診（2017年度1.5%），１歳６カ月健診未受診（同2.5%），３歳児健診未受診（同5.4%）の子どもを保育所等の関係機関に確認し，それでも会えない子ども（同250人）に対し，保健師が日中や夜間，休日に家庭訪問をし，さらに民生児童委員が訪問し，それでも会えなかった子ども（同１人）について要対協と連携する．最終的には児童手当を窓口等での直接支給に切り替える．
⑥ おむつ定期便：３カ月から１歳までの毎月計10回，おむつやミルクなど3000円相当の赤ちゃん用品を保護者が選び，研修を受けた見守り支援員が配達する．
出典）筆者作成．

割を担う．

ｉ）児童相談所（明石こどもセンター）の開設

児童相談所の設置義務は都道府県（政令指定都市）にあるが，2004年の児童福祉法改正により，2006年４月からは，中核市程度の人口規模（30万人以上）を有する市も，児童相談所の設置が可能となり，明石こどもセンターは2019年４月に開設された．2020年３月現在，中核市における設置は，金沢市，横須賀市，そして明石市のみである．

一般的に子育て支援や相談は，市民に身近な市町村が日常的に取り組むことが基本である．それを基盤に，都道府県レベルの児童相談所がより専門的な知識や技術を提供する．それに対し，明石こどもセンターは市町村機能（家庭児童相談，育児支援，里親の啓発，要保護児童対策地域協議会の調整等）と児童相談所機能とを併せ持つセンターとして位置付けられ，相談受付から家庭復帰後の支援まで一貫して実施することが目指されている．

そうすることにより，以下の利点が考えられる．〇通常，児童相談所に一時

保護されている期間（平均一カ月，原則二カ月まで），子どもたちは地元の学校に通うことができず，地域から引き離される．逆に，地元に児童相談所があると一時保護期間中も元の学校に通うことができ，一時保護解除後の学校復帰もスムーズに行える．日常的な学校との連携も密となる．〇子どもの一時保護解除後の家庭支援を切れ目なく行える．〇子ども食堂での早期の気づきを児童相談所につなげる．

センターの人員配置も以下のとおり充実させている．児童福祉司：18人（国基準8人），児童心理司8人（同4人），保健師：4人（同1人），弁護士：2人を常勤化，医師を常時配置（2019年5月衆議院厚生労働委員会配付資料）

ⅱ）里親の推進：「あかし里親100%プロジェクト」

厚生労働省は2011年に里親委託ガイドラインを作成し，施設養護より里親委託を優先する方針を示した．世界的にも里親委託が主流である．しかし我が国では，2018年の要保護児童数は4万4258（内，乳児院：1548，児童養護施設：2万4908）であるのに対し，里親及びファミリーホームはそれぞれ5556，1548にすぎない．

こうした現状を背景に，明石市は，2017年度より里親の登録拡充に取り組み，子どもたちが里親のもとで暮らし，これまでと同じ学校に通い，住み慣れた地域で暮らせるよう，すべての小学校区での里親登録を目指している．また市独自のきめ細かい里親支援にも取り組んでいる．

ⅲ）無戸籍の子どもの支援

現法では，例えばDVにより離婚手続きがままならないまま，他の男性との間に子どもを出産した場合，（前）夫の子どもとして戸籍が作られてしまう．その他様々な事情により，戸籍が作られていない「無戸籍者のための相談窓口」が市民相談室に開設されている．また，戸籍を作るための裁判所への申立費用の補助や子どもの学習支援等にも取り組んでいる．

ⅳ）離婚前後の子ども養育支援（全国初）

離婚届を取りに来た人に，離婚後の子どもの養育に関する合意書（親権，養育費，面会交流）や子ども養育プランの作成手引き，養育手帳の配布，離婚後の子育てガイダンス，面会交流のサポート（交流日程の連絡調整や交流当日の付き添え），養育費の立て替え・回収，等の取り組みを行っている．

（3）その他特色ある施策

ⅰ）子ども家庭福祉ゾーン

JR 明石市駅から二駅 7 分の大久保駅前は，子ども家庭支援施策を有機的につなぎ合わせ，ワンストップで提供する地域である．2019年 4 月に明石こどもセンターが当地に開設され，そして，同じ建物内には子育て支援センターおおくぼがおかれ，プレイルームや子ども図書館を備えている．さらにセンターに隣接して，あかし里親センター（2019年 4 月開設．里親募集の広報や説明会，研修等を行っている），西日本こども研修センターあかし（全国の子ども虐待対応機関の職員等を対象とした研修を行うセンターで2019年 4 月，全国二番目に設立された）がある．さらに次に詳述するあかしこども財団も当地にある．

ⅱ）あかしこども財団

2018年 5 月に「あかしこども財団」が設立された．財団設立初年度2018年度の財団の事業は，子ども食堂開設・運営の相談や助成金の支給，ネットワークづくりがメインであり，他に，地域の子育て支援活動への助成や研修，子育て応援企業への支援にも取り組んだ．翌2019年度に入ると，明石こどもセンターの開設に呼応して設立された西日本こども研修センターあかしの整備・運営を新規事業として担うようになった．さらに2020年度になると放課後児童クラブの運営も明石市から受託している．

ⅲ）「本のまち」の推進

2014年11月に制定された「まち・ひと・しごと創生法」に基づき明石市も2015年12月に「明石市まち・ひと・しごと創生総合戦略」を策定した．その中で，その後明石市の市政目標の標語として頻繁に使われることとなる「トリプルスリー」が示された．これは，人口30万人，出生数年間3000人，図書貸出冊数年間300万冊を目指すものである．明石市は，まちのいたるところに本があり，誰でも身近に文化や教養に触れることができるような「本のある文化のまちづくり」を目指している．

泉市長の選挙公約の一つに明石駅前再開発の見直しがあった．着工直前に市長となった泉は，再開発ビルに市役所の3分の1が入る予定を変更し，2017年1月明石駅前再開発ビル（パピオスあかし）4階にあかし市民図書館を移転させた．本の数は旧図書館の2倍，一般書エリアの面積は4倍に拡大された．また，5階にはあかし子育て支援センター（プレイルームと子ども図書室），6階には子育て世代包括支援センターを開設した．なお，パピオスあかしは2016年12月に建設され，3階までは商業施設となっているが，2階には図書販売の大規模店舗ジュンク堂を誘致し，あかし市民図書館とジュンク堂のお互いの蔵書を検索できるようにもした．

この結果蔵書は，2016年度210万冊であったが，現在このあかし市民図書館の他に，西部図書館，移動図書館車3台を有し，2018年度には294万冊に達している．また，4カ月の健診時に「ブックスタート」，3歳6カ月の健診時には「ブックセカンド」と称して，絵本をプレゼントし，読み聞かせも行っている．学校司書配置の拡大にも取り組んでいる．

2．政策理念と政策効果

（1）すべての子ども

泉市長の政策理念の根幹に「ユニバーサル」＝すべての子どもを対象とする，があり，そこには二つのねらいがある．一つは，マタニティの頃から切れ目なく行政サービスを提供し，その機会に，気になる家庭や子どもを発見し，相談や対応につなげる＝スクリーニング，予防的支援のねらいである．先に記した表3－1の④から⑦の施策はそのねらいが強い．子どもの成長に応じてどのようなサービスが提供されるのか．表3－2にまとめた．

第二に，医療費や保育料の無料化は貧困対策となることに疑いの余地はない[1]が，それを所得制限を設けずに行うことにはしたたかな財政的なねらいがある．

「序章4．我が国の事例を検討する際の視点」の第二に，普遍的政策か選別的政策かを挙げた．ここで泉市長は普遍的政策を選択しているわけだが，その理由として注目したいのは，子ども家庭支援施策のターゲットを意識的に中間層においていることである．それは次の考えに基づく．所得制限を設けると政策の受益は貧困層に限られ，中間層は自分の払った税金が自分には使われず不満を抱く．逆に所得制限をなくすとその受益は中間層にも及ぶ．その利益をあてこんで，中間層のしかも働き盛りの子育て世帯が明石市に移住する．そうなると明石市は福祉サービスの財政負担は重くなるが，税の増収につなげることもできる[2)]．

具体的にデータを確認しよう．泉市長の市長就任は2011年だが，それ以降，総人口は確実に増加している（2013年４月29万349人→2019年４月29万8399人）（『明石市統計書令和元年版』）．図３-１は明石市の人口動態を示している．これを見ると，その増加は自然増加ではなく社会増加であり，多くの人々が明石市に転入して

表３-２　予防的支援

<table>
<tr><td></td><td colspan="4">こどもスマイル100%プロジェクト</td></tr>
<tr><td>～２カ月</td><td colspan="2">３カ月～１歳</td><td colspan="2">１歳～</td></tr>
<tr><td rowspan="2">妊婦全数面接
家庭訪問</td><td>４カ月健診
（ブックスタート）</td><td>10カ月健診</td><td>１歳６カ月健診</td><td>３歳６カ月健診
（ブックセカンド）</td></tr>
<tr><td colspan="2">おむつ定期便</td><td colspan="2"></td></tr>
</table>

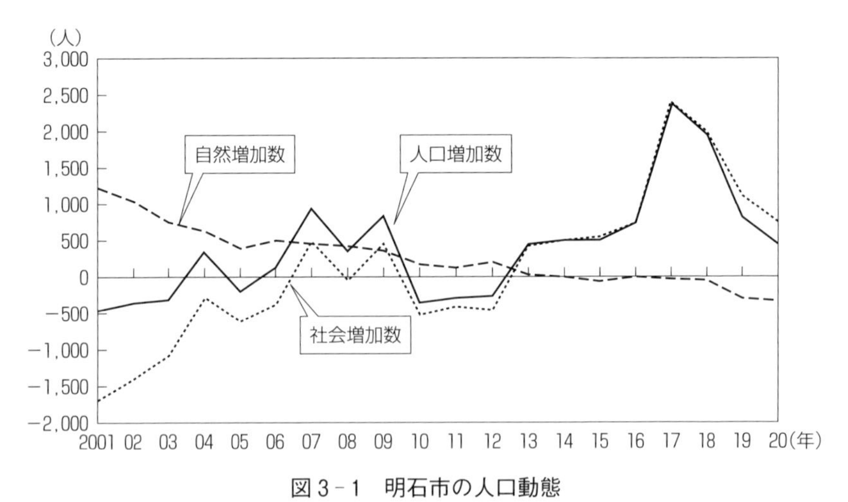

図３-１　明石市の人口動態

出典）明石市 HP より．

いることがわかる．しかも2019年９月の明石市の資料から，2013年１月～2017年12月の年代別転入超過数を見ると，超過の年代は０～14歳（計1228人）と20～49歳（計3964人，内25～39歳3586人）であり，転入超過のほとんどは子どもとその親という子育て世代である．さらに，2017年の合計特殊出生率をみると，国1.43，明石市1.64であり，これは明石市では第二子の出産が多いことを示している．このとおり，泉市長は二人目の出産の際の明石市への移住にターゲットをあてている（湯浅・泉他 2019：22参照）．こうして，これまで述べてきた様々な子ども家庭施策は，子どもを安心して生み育てられる市という意識を子育て世帯に持たせる役割を担い，その結果明石市に子育て世帯が転入していると理解できる[3)]．

（２）収入増と好循環

この子育て世帯の増加は，地域経済の活性化や税収の増加（市税税収決算2012年度342億円→2017年度363億円）につながり，それが子ども家庭支援施策の強化にあてられるという好循環が生み出されている．なお，子ども部門については職員数も（2010年39人→2019年126人），予算も（2010年126億円→2019年244億円）増加させている（尾崎 2020：47参照）．また，財源の確保については，加えて，全体の市役所の職員・給与の削減（職員の数を１割200人減，給与の一律４％減（泉 2019：38）），下水道整備費600億円から150億円に削減（泉 2019：38）等も行っている．

３．明石市長 泉房穂氏へのインタビュー

2021年４月22日，明石市長泉房穂氏にお話をお伺いした．当初は2020年４月に予定していたがコロナ禍のため延び延びとなり，一年越しに実現した．

（１）二つの好循環
――子ども施策の強化が生みだす税収増と政策実行力――

熱い思い

とにかくパワフルな方であった．穏やかな語り口とはとても言えない，その思いをぶつけるような語気に終始圧倒された．漁師の家庭に生まれ，東京大学

教育学部卒業，弁護士から国会議員そして市長となってのまちづくり，その原点は障がいを持った弟さんにあるという.「子どもの立場に立った施策が日本に欠けていて，こんなに子どもに冷たい国はないというのは，20歳の頃から今も全く変わっていなくて……それをなんとかしたいという中で，なんとかするには国会議員ではなく市長」になって「子どもや家族に対して町のみんな，社会で支える」.

生活リアリティに訴えかける

言うまでもなく，熱い思いだけではまちづくりはできない. 思いを基盤に科学的な理論としたたかともいえる戦略がまちづくりを現実に進めさせている. この「戦略」について市長は次のとおり語った.「こんなこと言うても，人は簡単に『イエス』と言わないです. ……だからどうすればいいかというと，ハッピーを出せばいけます. このことは『あなたにとってハッピーです』と言わないと人はついてきませんから. つまり子ども施策に力を入れたことによって，すべての子どもたちを町のみんなで応援すると『あなたが幸せになります』と，これは要るんです」. そして，そのハッピー感を醸成するために実利的な利益の享受が行われる.「社会にとってハッピーというものをするためには人間の損得勘定というものに対して働きかけないとついてこないです，そこのリアリティです」. この戦略の具体化が「子ども施策の強化→人口増→税収増の好循環」戦略であり，中間層を意識した所得制限を設けないユニバーサルな施策である.「子育て支援策については，所得制限を設けずにフェアにやる……これは何かというと，……やっかみを生まないためにやっているんです. ここはかなり意識していないと，ある特定の人に対して救うと，ほとんどの大多数が反対して，お互いつぶしあうんですよ」.

この「生活リアリティ」に訴えかける政策の形成と実施が泉氏を選挙に強くさせ[4]，市議会の抵抗を抑え，市長の政策実行力を高めるというもう一つの好循環を生み出している. 2019年の市長選挙では「30代の子育て層の 9 割が私を支持」.「すごくいまの明石市の施策と私が完全にリンクしているので，そこはもう市長次第で町が変わる，自分の生活が変わってしまうと」.「この市長であれば，うちの子はなんとか発達障害の中でも生きていける，二人目の子どもが産めるという……そこがまさに生活リアリティだと思います」.

(2) 教育と福祉の連携を阻む二つの行政構造とそれへの挑戦

改革を阻む行政構造

泉市長は次の二つの行政構造が教育と福祉を連携させる地域づくりを阻んでいるという. 一つは, 県と市の権限関係である. 教育の権限の大方は県が握っており, 市には建物の管理責任ぐらいしかない. なかでも市には教員の人事権がない.「学校の校長先生は, 私のことをぼろくそに言いますよ, 今も. なぜかって人事権がないからですよ. 私とけんかしても痛くもかゆくもないからですよ」. 泉市長は中核市の教員人事権を要望しているが,「兵庫県から議論すらしてもらえません[5]」.

もう一つは, 教育行政の一般行政からの独立である. 日教組と文部省が「治外法権を作ってきた歴史です. 本当に類を見ない理不尽な治外法権を作ってしまったと, これに学者連中も依拠してしまっているんで, 教育の独立性の名のもとに, まさに一種独立した世界を作ってしまっていて, これが子どもの貧困や子どもの虐待に対するネックになっています」.

思うに, 教育が政治に利用され, 悲惨な歴史を作ってしまったことに鑑みると,「教育行政の一般行政からの独立」原理は尊重されるべきである. 一方で,「教育と福祉のホリステックな支援」のためには総合行政化が求められる. この二つの原理を調和させる制度が構想されねばならない.

行政構造への挑戦

この構造に風穴をあけたのが児童相談所の設置であるという. 児童相談所の設置権限は基本, 都道府県（政令指定都市）にある. 明石市はそれを独自に設置した. 明石市が児童相談所を設置するにあたって, 一時保護中に学校に通えることをその前提とした. また, 児童相談所への虐待通報のうち, 学校からは一般的には1割, 明石市は3割だと言う.「どういうことかというと, 教育と連携して, 教育現場にチェックシートを渡して, 気になる子どもがあったら連絡してくださいにしているんです. その結果, 学校の気づきが児相に届けられる仕組みを作ったわけです」.

4．地域づくりへの政策の広がりと継続性

（1）子どもも大人も「誰も排除しない」まちづくり

「おかえりなさい」が言えるまち

子ども家庭福祉に着目して論じてきたが，明石市の取り組みは子どもだけが対象ではない．「すべての子ども」だけではなく「誰も排除しない」まちづくりに取り組んでいる．

その象徴が「『おかえりなさい』が言えるまち」の取り組みだろう．明石市は「犯罪被害者支援」と「更生支援」の取り組みも活発である．「更生支援」のきっかけは泉が弁護士時代に経験した知的障害者の再犯であった．市長となり2016年から更生支援に取り組み，軽度の知的障害者の被逮捕時の面談，出所の際の事前の面談，出所時の福祉サービスの提供を行っている．

他にも，① 警察，矯正施設，福祉関係者，商工会議所等37の関係機関，団体による更生支援ネットワーク，②「福祉的支援」（障害福祉や生活保護），「就労支援」，「地域支援」（地域での見守り）の三つの側面からの支援，③ 市民への啓発活動，に取り組んでいる．このようにして罪を犯した人も「おかえりなさい」と包み込み共に暮らす誰も排除しないまちづくりに取り組んでいる（泉 2019：115-124，205-207；湯浅・泉他 2019：108-111参照）．

総合的な支援

「誰も排除しないまちづくり」は，障がい者[6)]や高齢者，反貧困への取り組みでもある．ここで注目したいことはそれらを総合的に取り組もうとしていることである．泉は標準家庭を次のとおりイメージする．「お父さんは収入不安定で，たまに暴力．お母さんはパートを打ち切られ，心を病みかけ．子どもは不登校がちで，しかもネグレクト状態．家の奥にはおばあさんが半分寝たきり．生活費として借りたサラ金の返済に追われ，生活困窮」（泉 2019：162）．これが「標準家庭」とはさすがに思えないが，例えば障がいという不利益は他の不利益を生み出す．泉はこのような家庭には複合的な支援を有機的に機能させる総合的な支援が必要であることを強調する．

ただ，この総合的な支援が「子ども家庭支援」ほど具体化されていないように思える．また，本研究の上でも不十分さは否めず今後の課題としたい．

（2）地域づくりの担い手・継続性

以上のとおり明石市の地域づくりは市長に負うところが大きい．すでに述べたとおり，卓越した政策形成・実施によって，市長は市民からの大きな支持を得ている．付け加えると，2019年の市長選挙は，泉市長の職員への暴言を理由とした辞職による選挙であった．市長はインタビューで，泉市長の再立候補を求める署名活動を始めたのは「知らないお母さん方」であった，と語った．初めて選挙に行った30代の子育て層もたくさんいたと言う．

泉市長の政策が，市長が変われば生活も変わるという意識を市民に目覚めさせ，市民の政治参加を高めたことは想像できる．しかし，市民が自ら地域づくりを担う，というレベルにまで政治参加への意識は高められているのだろうか．市長は，すべての小学校区に子ども食堂が広がったことについて，「まちのみんなで子どもを支える」という社会感，社会的なモデルの転換が起きているという．このような転換が明石市の市民のなかにどこまで進んでいるのであろうか．仮に市長が変わったとしても，市民主体の地域づくりは進んでいくのであろうか（地域づくりの継続性）．コロナ禍の影響で，今回は子ども食堂への調査はできなかった．今後の課題としたい．

註

1） 泉市長は「子どもの貧困対策をするつもりはありません」（泉 2019：55）とまで述べてはいるが，少なくとも結果的に貧困対策となっている．

2） ただ，税収が増えてもその分の多くは地方交付税から差し引かれる．地方財政制度のジレンマもそこにはある（湯浅・泉他 2019：31）．

3） 泉（2019：59-63）参照．なお，藻谷浩介は泉市長と湯浅誠との対談の中で，明石市の0～4歳児の増加について「子育てにやさしいまちというブランドが確立されたために，若い家族が流入し，かつ既存住民の出産も増えている……単なる子育て支援策なら全国でやっているのですが，それがここまで強固なブランド形成につながっている例は，他にはほとんどありません」（湯浅・泉他 2019：17）と述べている．

また，藻谷は「子育て支援とは，結局子育て世代の奪い合いだ」という発問をしている．明石市の子育て支援と転入は，周辺自治体を窮乏化させているのではないかという発問である．これに対し藻谷は「子育て支援が普及すれば，日本全体の子どもの数が増えるので，この競争はゼロサムではなく，ポジティブサム」（湯浅・泉他 2019：49）と論じている．泉も「明石市だけでなく他のまちもやればいいことです」（泉 2019：191）と述べている．

4） 泉氏が最初に当選した2011年の市長選挙は69票差という僅差での当選であった．ところが，2015年の選挙では，市議会議員のほとんどが泉市長を応援しなかったにも関わらず自民党推薦の候補を二万票以上の大差で破っている．

5） 民主党政権時代，片山善博総務大臣，橋下徹知事のもと，大阪府から豊能地区３市２町（豊中市・池田市・箕面市・豊能町・能勢町）に教員人事権が移譲された．これが教員人事権移譲の唯一の事例である．

6） 2016年に障害者配慮条例を制定し，全国初となる合理的配慮への公的助成を始めた．この条例に基づき，例えばスターバックスやマクドナルドの店舗に筆談ボードが置かれている．他にも，泉（2019：106-113）参照．

参考文献

泉房穂（2019）『子どものまちのつくり方』明石書店．

尾崎公子（2020）「誰一人取り残さない明石市のこども施策からみる行政の『正義』」『日本教育行政学会年報』46号．

湯浅誠・泉房穂他（2019）『子どもが増えた！――明石市人口増・税収増の自治体経営』光文社（光文社新書）．

（谷川至孝）

第4章

大阪市西成区

――ボランタリーセクターの伝統的な活動――

1．西成区の地域特性
――釜ヶ崎について――

大阪市西成区は，人口11万458人（2017年4月1日，西成区HP）であり，その特徴は，①男性の割合が高い：57.7％（同），②65歳以上の老齢人口の割合が高い：38.7％（2015年国勢調査），③65歳以上の単独世帯の割合が高い：68.1％（同），また，生活保護率は23.9％にのぼり（2017年3月，大阪市HPより），全国の生活保護率が1.7％（2017年2月，厚生労働省）だから桁が異なる．これらの数字は，西成区に釜ヶ崎（あいりん地区）と呼ばれる地域があり，日雇い労働者が多く居住し，近年高齢化して働けなくなったことが影響している．なお，西成区の0～14歳の年少人口の割合は7.3％（2015年国勢調査，同全国12.6％）であるが，2018年度の児童相談所での児童虐待相談対応件数は全国15万9850に対し西成区では6316件であり，これも相当の件数である．

（1）「日雇い労働者の町」の形成

あいりん地区に貧民が集まる（集められる）ようになったのは1900年代初頭である．戦後，立地条件も良かったため，他地区のドヤ（簡易宿泊所）街を吸収しながら1950年代には全国有数のドヤ街「釜ヶ崎」となっていく．1960年代の高度経済成長期には，1970年開催予定の大阪万博の工事もあり，建築関係の仕事を求めて，全国各地から日雇い労働者が釜ヶ崎に集まった．ただ，高度経済成長が始まる以前の1960年ごろは，男女の人口比はさほど変わらず，年少人口も20％近くあり，定住型の貧困地域「スラム」であった．1960年代後半から，その釜ヶ崎が，単身男性を中心とする非定住型の貧困地域，つまり日雇い労働力の供給地へと変貌していく．その変化を決定づけたのは，大阪市・大阪府，大阪府警による1966年の「愛隣地区指定」であった.[1)]

その後，オイルショック，1990年代初頭のバブル景気と浮き沈みを経て，バブル崩壊以降，深刻な失業問題に見舞われる．さらに，日雇い労働者の高齢化が貧困に拍車をかけた．2000年に入り，行政が重い腰をあげ,[2)] 生活保護受給者が急増するに伴い，単身男性を中心とする定住型の貧困地域＝「福祉の町」と形容されるようになってきている．なお，あいりん地区の2010年の65歳以上の老齢人口は40％，15歳未満の人口は１％である．

（2）民間活動を基盤とした「福祉の町」への取り組み

大阪市の初期の福祉的な取り組みに，1961年の「西成愛隣会館」の開設があり，62年には「市立愛隣会館」が新設され，二つの拠点で地域福祉の取り組みが行われるようになる．そして「愛隣地区指定」後の1970年には医療・住宅・労働の三機能を合わせ持つ「あいりん総合センター」が設立された．

しかし，こうした行政の支援は限定的であり，民間の支援活動が活発に展開された．一つは労働運動であり1968年ごろから，活動家たちが流入し，労働組合が結成され，その後も活発な労働運動が進められた．こうした活動は，行政と対立しながらも，結果的に両者が棲み分けるようにセーフティーネットを形成してきた．

加えて，見過ごせないのがキリスト教関係者の活動である．あいりん地区でのキリスト教の活動は，1933年のカトリック女子修道会愛徳姉妹会によるセツルメント活動が嚆矢とされている．その後，1970年に「釜ヶ崎協友会」（1988年に「釜ヶ崎キリスト教協友会」に改称）を結成し，それまで個別に実施されていた活動を協働した活動へと発展させた．また，こうした活動の中で「単に信者を増やすのではなく，キリスト教の理念に基づき，弱い立場に置かれた人々のニーズに対応することや，貧困や差別を生み出す構造的な問題に向き合っていくことこそが宣教である」（白波瀬 2017a：44）と捉えなおされてもいった.[3)] こうしたキリスト教関係者の活動が今日の子どもたちへの取り組みの系譜ともなっている．

さて，バブル崩壊後，この二つの活動＝労働運動とキリスト教の活動は連携するようになる．労働組合の運動が賃金闘争から高齢日雇労働者の生活保障へと重点を変化させ，「こうした動きに釜ヶ崎キリスト教協友会も合流し，あいりん地区の社会運動は，賃上げや労働条件の向上を求める労働運動から，高齢日雇労働者の就労保障や野宿者の支援に重点が置かれるようになった」(白波瀬 2017a：62)．そしてこうした動きが「官民協働」の推進とも連なっていく[4]．

（３）子どもたちへの支援

子どもたちもまた，釜ヶ崎で課題を抱えて生きてきた．無戸籍，DV，ネグレクト，障がい，「教育以前」といわれる不利益が重なり，1960年には約200名の不就学児のいることが明らかになっている（小柳 1978：229）．そして，1961年の釜ヶ崎での暴動が発端となり，1962年２月あいりん学園が不就学児[5]のための公立の小・中学校として開校し，８月に市立愛隣会館の竣工に伴い，同所の４・５階に移転した[6]．1962年10月には同じく愛隣会館内に「ベビーセンター」が設置され，乳幼児の保育にも着手された．

1970年代に入ると，1973年12月にようやく鉄筋４階建ての校舎と運動場が完成し，市立愛隣会館での「間借り生活の学校」から独立校舎「市立新今宮小中学校」が誕生する[7]．1970年には「わかくさ保育園」が開設され，1972年には「あいりん」特別対策事業として公園での「あおぞら保育」が始まった．これはわかくさ保育園の職員が地域巡回して子どもたちを集め保育した事業であった．1976年には放課後児童の健全な育成を目的にした児童館「今池こどもの家」も開設された．

このように，行政の「あいりん対策」は日雇い労働者への施策だけではなく，子どもたちへの施策でもあった．そしてここでもキリスト教関係者が大きな役割を果たしてきた．例えば，キリスト教者石井十次が，日本で最初の孤児院と言われる岡山孤児院の大阪事務所を1907年に開設，1917年に同じくキリスト教者であり倉敷紡績の社長大原孫三郎が財団法人石井記念愛染園を設立，わかくさ保育園と今池こどもの家は共にその一組織である（「社会福祉法人石井記念愛染園」HP）．

他にも1964年にはドイツ人宣教師が日本福音ルーテル教会のサポートのもと保育事業に着手していた（のちの「山王こどもセンター」）．また，1970年代は労働運動の拠点となった公園が封鎖され，子どもたちの遊び場が奪われていた．そこで1977年に釜ヶ崎キリスト教協友会に加盟する社会福祉施設「ふるさとの家」が二階の一室を「子どもの広場」として開放した．そして1980年にはカトリックの女子修道会がこの事業を引き継ぎ，「こどもの里」を開設した．

2．今日の子どもとその家庭を支援する地域づくり

（1）西成区の子育て支援組織の形成と地域福祉体制への発展

今日の西成区の全体像

以上のとおり，あいりん地区は西成区に強烈な特性を与えてきたが，一方であくまでも西成区の一地区に過ぎない．そこで西成区全体に視野を広げ，西成区の保健福祉課と「こどもの里」理事長 荘保共子氏のお話（2020年2月27日）も参考にしてその取り組みをまとめていく．

現在の西成区はあいりん地区を含む北部地域と，近年市営住宅の高層化によって生じた空き地や廃業となった工場の跡地に移り住んできた低所得の若い世代で構成される南部地域とに大きく分けられる．両地域とも経済的に豊かな地域ではないが，北部地域は古くからの取り組みがあり，人々のつながりも形成されてきた．南部地域は，市営住宅には外国人も多く住み，北部地域のような住民間のつながりが弱い．そこに2016年頃から子ども食堂が活動するようになり（2020年2月現在西成区全体で12カ所），少しずつ民間の地域づくりが進んでいる．このような現状を踏まえて，西成区全体の子育て支援組織の形成をたどる．

まず，ボランタリー組織の活動が見逃せない．すでに紹介した認定NPO法人「こどもの里」，「わかくさ保育園」（社会福祉法人），児童館「今池こどもの家」（社会福祉法人），児童館「山王こどもセンター」（社会福祉法人）は今日でも子ども家庭福祉にとってなくてはならない存在である．西成区ではこのようなボランタリー組織が地元の組織作りに主導的な役割を果たし，そこに自治体や学校が参加している．つまり，ボランタリー組織主導でコミュニティのガバナンス組織が整備され，地域づくりが進められている．その象徴が要保護地域対策協議会（以下，要対協）である．

要対協の形成と子育て支援体制

西成区の要対協の起源は1995年に発足した「あいりん子ども連絡会」と1996年発足の「西成地区教育ケース会議」にある．前者はあいりん地区の中学校区内で個々のケースごとに，しんどさを抱える子どもとその家族に関わる人々が集まって情報交換，支援に取り組んでおり，今日まで民間主導で月1回の会議が開かれている（松本他 2016，等参照）．後者は別地域での同様の組織であり，2中学校区内のケース会議が行われた．これらの組織が，2004年の児童福祉法の改正を受けて，要対協の名称と役割も併せ持つようになり，2005年からは西成区の六つの中学校区すべてでそれぞれに地域別ケア会議（実務者会議）が開かれ，今日に至っている．

また，2000年には「わが町にしなり子育てネット」が発足する．この組織は子育てをするお母さんたちの集まりを起源に，今日では区内の子育てサークル，こどもの里等のボランタリー組織，保育所，幼稚園，区役所保健福祉課等70団体くらいで構成される民間主導の組織である．要対協と子育てネットではメンバーの多くは重なっているが，子育てネットは就学前の子どもの子育てを中心に活動する組織で，今日こそ要対協の中でも支援ができるようになっているが，当初は要対協が関係機関の情報の共有や援助計画を立て，子育てネットが実働するという役割分担で車の両輪となって活動した．

子ども家庭福祉から地域福祉へ

そして，この六つの中学校区地域別ケア会議＝要対協は，**図4-1**のとおり西成区全体の地域福祉体制のなかに位置付けられる．この地域福祉体制は要対協がおかれる「子育て支援関係会議」の他に「高齢者支援関係会議」「障がい者支援関係会議」「生活困窮・生活保護関係会議」で構成され，西成区の地域福祉の全体を連携させようとしている．例えば，子どもが虐待されている場合，子どもに障がいがあったり，親に障がいや精神疾患があったり，高齢者が一緒に住んでいるとか複合的な課題を抱えている家庭が少なくない．そのような家庭をまるごと支援する．具体的には障害者手帳を保持している住民を訪問する．その際に虐待の状況等にも注意を払い，それぞれの専門機関につなげていくというようなイメージである．さらにこうした，高齢者，障がい者，生活困窮，

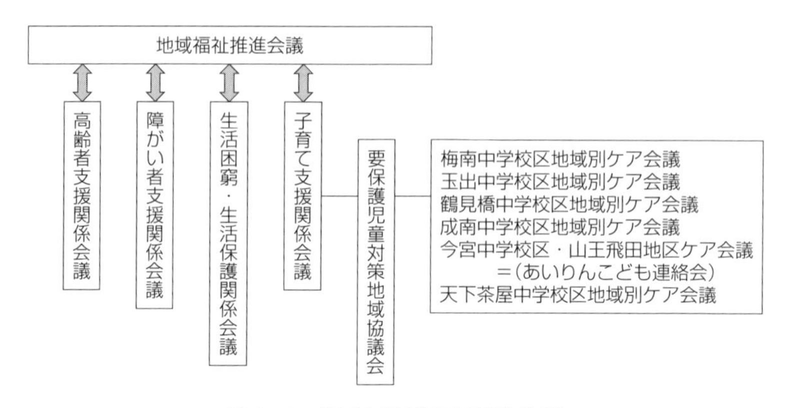

図４－１　西成区地域福祉推進体制

子育てという分野別の検討会議とそれらをつなげる総合的な支援調整の場を地域ごとに作る，そうした地域福祉体制の構築が2019年４月から現実に動き出している[8)].

（２）要対協の活動状況

ここでは，要対協の実際の活動状況を述べる．「西成区子育て支援専門部会設置要綱」によると，要対協の【構成】メンバーは児童福祉法25条の５第１号「国又は地方公共団体の機関」として西成警察署，同消防署，市立幼稚園・保育所・小中学校，教育委員会，区役所保健福祉課等16の機関，同法第２号「法人」として医師会，私立保育所・幼稚園，社会福祉協議会，ヒューマンライツ協会等八つの法人，第３号「児童福祉関係」として，「こどもの里」等民間団体，愛染橋病院，民生委員児童委員，保護司，子ども家庭支援員，等，そして2017年からは子ども食堂も加わっている．また，地域別ケア会議には上記メンバー以外の者に対しても出席を求めることができる．【組織】は全体会議である「連絡会議」と各中学校区の「地域別ケア会議」で構成される．

地域別ケア会議は毎月開かれ（ただし，今宮及び鶴見橋の２地域以外の４地域は８月休み），各月の平均検討件数は図４－２のとおりである．あいりん地区のある今宮中学校区では月平均99.9件のケースが検討されている年度もある．加えて個別ケース会議も必要に応じて開かれ，2015年度：57回，2016年度：48回，

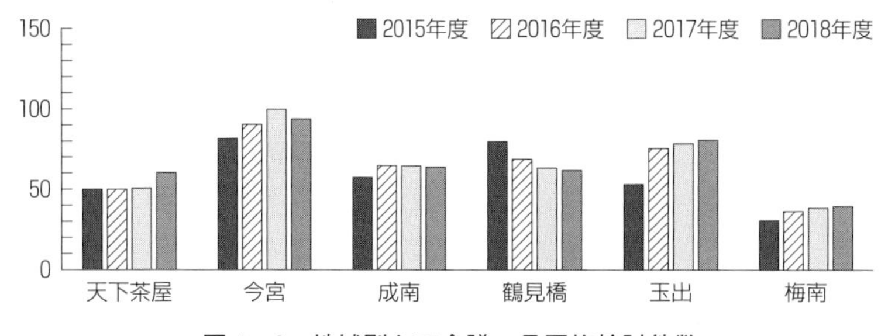

図4－2　地域別ケア会議　月平均検討件数

出典）西成区要対協代表者会議資料（2019年6月）.

2017年度：35回，2018年度：51回に及ぶ.

2020年2月27日に今宮中学校区の地域別ケア会議を傍聴させていただいた.参加者は区役所保健福祉課（生活援助，子育て支援室，他），児童相談所，保育所，小・中・高校，教育委員会，社会福祉協議会，児童委員，家庭児童相談員等であり，今池こどもの家や山王こどもセンターその他ボランタリー組織の参加も多い．午後2時から6時まで43ケースが取り扱われ，例えば子どもの状況を保育園職員や学校教員が報告し，その家庭の生活保護や日常の暮らしぶりを区役所職員等が報告する等，子どもと家庭の状況が多くの組織から報告され，一つ一つのケースが統合的に検討されていた.「こどもの里」理事長の荘保氏が「座長」となり議事運営を行い[9]，個々のケースの援助方針の検討も荘保氏がリーダーシップをとられていた．また，多くの子どもが「こどもの里」と関わっている印象も受けた.

3．ボランタリーセクターが行政をまきこむ地域づくり

以上の西成区の子ども家庭福祉の取り組みを総括する.

本章で西成区を取り上げた理由は，ボランタリー組織が核となって地域づくりとそのガバナンスを行っていることによる．子ども家庭福祉について言えば，その象徴が要対協である．民間組織が要対協に西成区ほど加わる例は多くなく，それ自体大きな意義があるが，そこにとどまらず，ボランタリー組織の精力的で継続的な取り組みがまずあり，そこに学校や行政組織が加わり要対協となっ

ており，ボランタリー組織は要対協の形成に欠かせない組織であった．

ただ，西成区の「南北問題」も指摘できる．それは伝統的な取り組みのある北部地域と若い新住民が比較的多い南部地域の違いである．近年では南部地域でも子ども食堂が活発に活動し始めているのだが，子ども食堂が地域住民一体となって活動している北部地域と比較し，南部地域ではまだ子ども食堂の点としての活動にとどまり，地域が必ずしも育っていないという．

次に，地域づくりの重要性を改めて確認したい．荘保氏が強く語っておられたことの一つは，一時保護後の子どもたちの支援であった．一時保護されても，子どもたちは基本２カ月までで地域に戻ってくる．ところが，親の意識が変わっていない中で虐待が繰り返される．その前に児童相談所や学校と地域で会議を開く．本当に子どもを家族に返すことができるのかと．そのためには地域でどういう環境を作っていったらいいのか，それが地域づくりであり，地域別ケア会議もその意識を持って取り組んでいかなければいけない，という．

もう一つ荘保氏が強調しておられたことは，予防的支援の重要性であった．要対協が虐待への事後対応中心になり，予防に力が向けられていないという．西成での取り組みも要対協の本来のあり方も虐待だけに取り組む組織ではなかった．虐待がおきてしまってからでは子どもたちはそれを抱えて生きていかなければいけない．南部地域でも予防に意識を持ってつながりをくみたてていく，このような意識で新しい地域づくりが求められる．

最後に，ミクロな視点でみると，保健福祉課は次のような西成区の要対協の意義と課題を述べておられた．まず，意義として，他の区だと教育委員会の指導主事しか要対協に参加せず，主事が要対協で得た情報を各学校におろす．しかし西成区では教員が直接参加している．次に課題として，警察は年１回の代表者会議のみ参加し，地域別ケア会議には警察情報は上がらない．

4．広がるボランタリー組織が核となる地域づくり
――西成特区構想について――

最後に，補足的とはなるが「西成特区構想」に触れておきたい．それは以下の理由による．まず，基本的には，多くの福祉政策が個人を対象としているの

に対し，特区は地域を対象とした政策であり，地域づくりの契機となり得る．さらに，2011年12月橋下徹が大阪市長に就任し，直後の2012年1月特区構想を打ち出した，この経緯からして，また橋下元市長のキャラクターも手伝って，西成特区構想は市長のトップダウンで進められたイメージが強いが，実際には市民のまちづくりの長い取り組みがその基盤にある．つまり，これまで論じてきたボランタリーセクターを核とした地域づくりという点において共通する．

この地域づくりは二つの系譜から説明される（大阪市 2018：74-88等参照）．一つは，1999年に創設された「釜ヶ崎のまち再生フォーラム」であり，この会の目的は「釜ヶ崎地域において，フォーラムやワークショップを実施し，構成する住民層の暮らしを再建する方向でのまちづくりビジョンをさぐり，あわせて事業化を促進する」，「個人のゆるやかなネットワーク」（同フォーラム HP より）である．フォーラムは2020年11月まで通算219回の「まちづくりひろば」を開催してきた．そして，フォーラムの事務局長ありむら潜はフォーラムの議論を「西成特区構想有識者座談会」[10]の一員となって反映させた．

もう一つは2008年に成立した「（仮称）萩ノ茶屋まちづくり拡大会議」である．これは，2005年に連合町会と社会福祉協議会を中心に発足した「萩之茶屋小学校・今宮中学校周辺まちづくり研究会」を土台にして設置され，簡易宿泊所組合，労働者支援諸団体，こどもの里等子ども支援団体，警察署や区役所等の団体参画型でものごとを決めていく組織である．この拡大会議は9領域300項目の提案を行い，有識者座談会報告書の基盤となった．

このようにして，特区構想は地域の人々の長い活動が基盤にある．ただし，二点留意しておかなければいけない．第一に，「西成特区構想」は国の特区ではなく，あくまでも大阪市独自の「特区」であり，しかも特区として別枠の予算があるわけではなく，市の各局予算を融通するに過ぎない．

第二に，あいりん地区の改革をまずもって目指すものであり，西成区全体のまちづくりはまだ道半ばである．この点について，「西成特区構想有識者座談会報告書」（2012）をみてみる．この報告書は「Ⅰ．目前にある困難な課題に対する短期集中的な対策」と「Ⅱ．将来に向けた中長期的な対策」および「Ⅲ．将来のための投資プロジェクトや大規模事業」で構成される．その後，Ⅰのあいりん地域を対象とした「短期的な対策」は一定程度達成されたが，残りの対策はそうではない．2018年の『西成特区構想まちづくりビジョン2018～2022有識者提言』でも，「この5年間の集中的な取り組みにより『目の前の問題解決』としては，一定の成果をもたらしてきたと言えるが，……一部，子育て環境の充実を目指した取り組みは見られるものの，特区構想の目指すまちの活性化は歩み始めたばかりである」（大阪市 2018：1）と述べている．

ともあれ，このように西成区では要対協をはじめとした子ども家庭福祉の取り組みを高齢者福祉や障害者福祉，生活支援等と有機的につなげ，まちづくりを行おうとしている．それも子ども家庭福祉の分野同様，民間組織を核として地域づくりに取り組んできた歴史を基盤として，官民が協力する事業体を構築し，そこに公的な財源を投与している．そうした西成区の地域づくりの今後が注目される．

註

1）　当時，暴力団の跋扈や犯罪の多発が指摘され，中間搾取や警察への不満が爆発するかたちで，1961年を皮切りに，日雇労働者たちの暴動が繰り返されていた．ただし，今日でもそうした「イメージ」が残ってはいるものの，実際には大阪府警の犯罪認知件数は大阪24区で6番目である（大阪市 2018）．

2）　2002年度に約2500世帯であったあいりん地区の生活保護世帯は，2003年度に約6000世帯に増加した．

3）「釜ヶ崎キリスト教協友会」に属さないキリスト教関係者の活動もある．

4）　反体制的な立場を継続する労働組合や行政とは連携しない社会運動団体も存在する．

5）　不就学児と言っても，今日的な長欠児や不登校児のイメージを超え，無戸籍の子どもが多かった．開校年度に入学してきた子どもたちは110人．両親家庭は54％，父子家庭が30％であった（小柳 1978：239-244）．

6）　開校時は仮のプレハブ校舎，移転後は屋上が簡易運動場という施設であった．また，学校ができただけで子どもたちが入学してくるわけではない．同校に勤務した小柳（1978）は，壮絶な子どもたちの生活と親と子どもに向けた就学への取り組みを記している．

7）　同学校はあくまでも無戸籍児童を対象とした．1986年閉校．

8）　この際，子育て支援を担う検討会議の数は各中学校区ごとの六つであり，一方高齢者支援を担う地域包括支援センターは四つしかなく，その調整が課題であるとのことであった．

9）　六つある「地域別ケア会議」のうち残りの五つは区役所の保健福祉課が座長を務め

ている.

10)　2012年12月に特区構想の基盤となる報告書を市長に提出した.

参考文献・資料

大阪市（2018）『西成特区構想まちづくりビジョン2018～2022有識者提言』.

小柳伸顕（1978）『教育以前――あいりん小中学校物語』田畑書店.

白波瀬達也（2017a）『貧困と地域――あいりん地区から見る高齢化と孤立死』中央公論新社.

白波瀬達也（2017b）「貧困地域の再開発をめぐるジレンマ」『人間福祉学研究』10巻１号.

鈴木亘（2013）『脱・貧困のまちづくり「西成特区構想」の挑戦』明石書店.

松本伊智朗他（2016）『子どもの貧困ハンドブック』かもがわ出版.

（谷川至孝）

第Ⅱ部

ボランタリー組織の取り組み

第5章

山科醍醐こどものひろば

（京都市山科区・伏見区醍醐地域）

1．子どもとともに育ちあえる環境を目指し40年

（1）京都市郊外のベッドタウン

京都市の中心地にある盆地の東部，滋賀県との県境に位置する山科区と，その山科区の南部と隣接する伏見区の醍醐地域を一つの生活圏として，山科醍醐こどものひろばは活動をしている．

京都市住民基本台帳によると，2021年1月1日現在で山科区は人口13万120人，伏見区醍醐地域は5万165人という規模のまちである．また65歳以上の人口は山科30.2%，醍醐33.9%であり，14歳以下の人口は，山科10.9%，醍醐10.9%と少子高齢化が進んでいる．京都の中心部から離れた位置にあるが，山科は交通の便がよく，京都市内や大阪，滋賀などで働く人のベッドタウンとなっており，醍醐地域は公営住宅も多い．山科区には公立の小学校が13校，中学校が6校，醍醐地域には，公立の小学校が10校，中学校が4校あるが，少子化の影響によりクラス数の減少や学区によっては小中学校の統合の議論が行われている．生活保護率は，山科区で4.2%，伏見区で4.6%であり，全国の生活保護率や京都市の3.0%と比較し高い．

このような地域のなかで，1980年に前身の「山科醍醐親と子の劇場」が設立され，その後1999年には「山科醍醐こどものひろば」となり，現在まで子どもの育ちの環境づくりに取り組んできている．

（2）よりよい育ちあいを目指す文化から生活までの多様な活動

1980年から活動を始めた山科醍醐こどものひろばは「子どもたちが豊かに育つ地域環境，社会環境を子どもたちとともに育ちあいながら創造していくこ

と」を目指し活動している．1980年当初は山科醍醐親と子の劇場として文化体験や表現活動，鑑賞活動，キャンプを中心とした野外活動や学区単位での子ども会活動に取り組む，文化を意識した活動であった．当時は，子育て中の女性が中心に運営し，中学校卒業から概ね30歳くらいまでの青年グループとともに活動を行っていた．運営は世帯ごとの会員制度で会費を主な収入源とし，その収入を元に，会員の子どもへの活動を行う共助型の組織体であった．

そこから1999年に山科醍醐こどものひろばとなり，年齢別の段階的活動や，興味関心に応じたテーマ型活動と，子どもが主体となれる機会づくりは多様化していった．この事業の広がりは，主に集団での活動が前提となっていたが，集団が苦手，コミュニケーションが困難といった子どもにとっては，十分な環境とは言えなかった．そこで，個別対応を中心とした体験・余暇活動，学習サポートなどを行う「楽習サポートのびのび」事業を2005年から開始し，一人ひとりの子どもにとってよりよい育ちの環境づくりに取り組み始めた．相談があった家庭との面談から始まり，その後家庭訪問での活動となった．そのなかで，子どもだけでなく，家庭状況やその背景に見える社会の状況についてのアプローチも必要と気づき，子どもが抱える困難に対しての活動を増やし現在の活動に至っている．

現在の活動を整理すると，①「子どもたちとともにつくる活動」，②「子どもたちとともにくらす活動」，③「子どもとともに育ちあう環境づくりの活動」に分けられる．①「子どもたちとともにつくる活動」は設立当初から行っている，文化体験活動や子ども会活動など主に集団ではあるが，子どもの育ちの状況や関心にあわせ子どもたちが主体的に関わる活動である．②「子どもたちとともにくらす活動」は，子どもや家庭それぞれの暮らしが抱える困難（低所得世帯や虐待，いじめ，発達障害など生活上で困難が生じている）に対し，個別に対応する活動である．特に生活支援（夕食，入浴，余暇など）や学習支援を行っている．③「子どもとともに育ちあう環境づくりの活動」は，地域の他組織や行政，学校，その他関係機関などと連携し，子どもが暮らしやすい地域の創造と地域課題の顕在化，課題に対して代弁的提言などを行っている．

（3）個別対応型活動から見えた子どもの貧困と対策への動き

「楽習サポートのびのび」を5年ほど展開する中で，多くの子ども・家庭と出会い，子どもや家庭の背景にある複雑で複合的な困難が見えてきた．これは個別対応型の活動であったため，関係構築が進む過程で見えたものであった．そして，改めてある保護者から子どもとの夜の居場所活動の希望や家庭での悩み，その原因となる経済的問題などの話を聞くこととなった．その結果として，個別対応型の取り組みを平日の夜にも取り組んでいくことと，合わせてその背景にある社会の問題としての子どもの貧困の理解や周知，その解決のために事業をスタートした．

2010年に子どもの貧困対策事業として「こども生活支援センター」を開設し，「子どもの貧困と地域支援」というタイトルのシンポジウムを山科区，伏見区醍醐地域それぞれで実施した．スタート時は子どもの貧困という言葉の認知も低く，運営財源もないことから，多くの方の寄付金で活動を支えてもらいながらの運営であった．またシンポジウムでも参加者から「この地域は貧困だというのか」というニュアンスの言葉などもいただき，登壇者からも「必要な取り組みだけど，継続は厳しいよね」と言われたが，この無謀な取り組みがそれでも多くの方の協力により広がっていくこととなった．

2．子どもの貧困対策事業

（1）楽習サポートのびのび

ここから山科醍醐こどものひろばの子どもの貧困対策事業ついて整理していく．主な活動の柱としては，子どもの貧困対策事業の①安全・安心の確保（食事，居場所），②自己肯定感の獲得（体験活動，学習支援），③保護者のサポート（保護者会，面談，食材提供），④小学校・中学校を直接応援（放課後支援，土曜教室，学校運営協議会），⑤子どもと関わる人を増やす・関わり方の共有，ノウハウ蓄積・共有，⑥地域の支援ネットワークの構築・活動応援である．その他個別対応として同行支援や相談支援，10代の自立生活のサポートなども行っている．これらは図5-1にあるように，これまでの従来の活動や地域の暮らしやつながりのなかで困りごととして見えてきたことや経済的困難から見えて

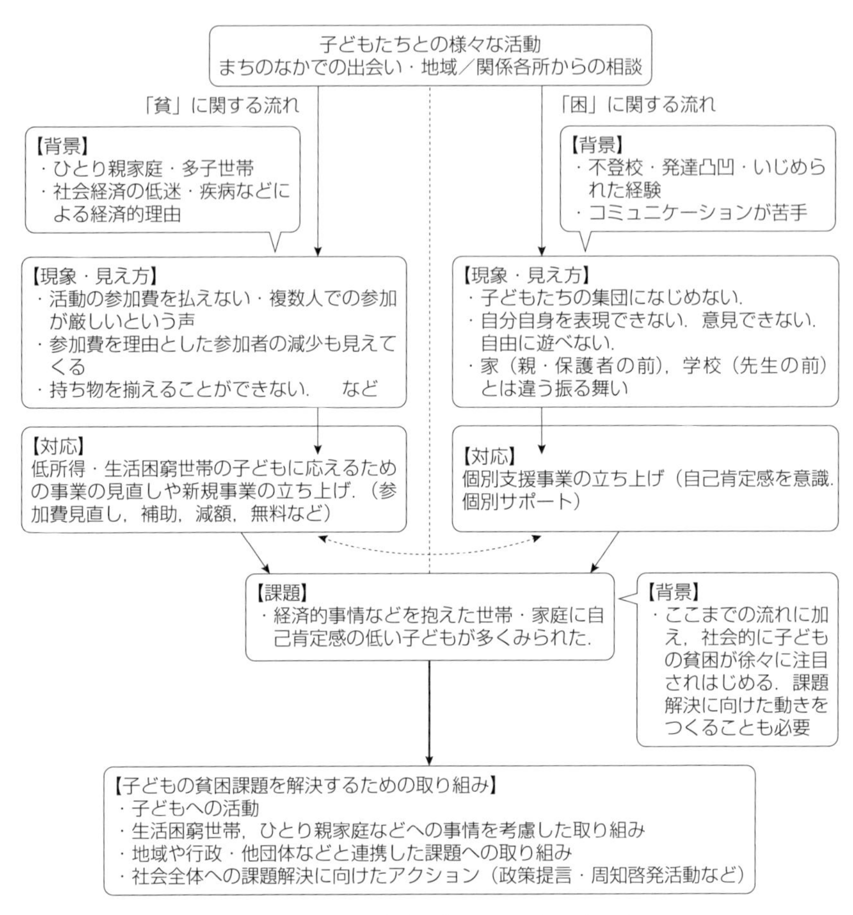

図５－１　いかに事業が生み出されてきたか

出典）山科醍醐こどものひろば（2016：11）から筆者作成．

きたことのそれぞれの背景を踏まえた上で，必要な事業を生み出してきたものである．

主な活動対象としては，①要援護児童，②生活困窮世帯，③ひとり親家庭への支援・取り組みである．事業としては，個別対応型事業である「楽習サポートのびのび」のプログラムの一部として子どもの貧困対策も行っている．各プログラムの概要については，**表５－１**のとおりである．

「楽習サポートのびのび」は，集団になじめないなど，自分をうまく出せな

表5－1 「楽習サポートのびのび」これまでの取り組み一覧

	事業名	概　要	活動種別
1	のびのび@ほーむ	利用者宅への訪問型の個別サポート事業．集団になじめないとか，自分をうまく出せない子どもたちに対して，学習・遊び等を通じて，自己肯定感を高めていくプログラム．子ども一人ひとりにあったマッチングで，自己肯定感が獲得しやすく，外で他の人と会うリスクがないため安心して活動ができる．一方，子どもとサポーターのマッチングまでに時間がかかることや，人を家の中にいれることができない家庭もあるため，その代替案を考える必要もある．	個別対応 学習支援 訪問型
2	のびのび@らいふ	団体の施設および連携先施設等を使っての生活支援プログラム．トワイライトステイ・ナイトステイと言われる事業．夕食・入浴・宿題・遊び・宿泊など夕方から夜にかけてサポーターとともに過ごし，ほっとする夜を過ごすプログラム．食生活，生活習慣の改善ができるきっかけとなることや，入浴習慣のない子どもへのサポートともなっている．通所型のため，家から出る必要があることと，活動の施設が必要となり，その維持管理が難しい．	生活支援 個別対応 居場所 学習支援 余暇活動 宿泊
3	のびのび@ひろば	参加型の余暇支援活動．各プログラムを利用している子どもが参加し，子ども数人とその同じ数のサポーターがそれぞれペアになり，その日の企画や遊びを通して集団に馴染んでいくなど，少しずつ自分を出せるようにしていくプログラム．	少人数 居場所 余暇活動
4	のびのび@ら～にんぐ	個別の学習支援プログラムであり，様々な事情で学校の学習から遅れてしまっているなど，勉強が苦手な子どもを対象に学習のサポートを行う．不登校の子どもの参加も多い．子どもに合ったペースや，わからないところから学習できる．	個別対応 居場所 学習支援
5	のびのび@きゃんぷ	合宿型の支援活動で各プログラムの利用者が参加し，年に1から2回程度の宿泊を伴うプログラムを行っている．宿泊活動となり，サポーターと長い時間一緒に過ごすことができるため，日帰りではわからない様子も知ることができる．一方で子どものジェンダーへの配慮が特に必要となるため，サポーターの調整が必要．また施設の設備（冷房，暖房，寝具等）も必要．	少人数 居場所 余暇活動
6	のびのび@ちゃれんじ	他団体と連携しての余暇支援活動．少し外へ出て行き，遊びや体験を通じてコミュニケーションを伸ばしていく．他団体とのつながりができることや，いつものサポーターだけという環境や屋内とは違う子どもの姿を見ることができる．	生活支援 個別対応 居場所 学習支援 余暇活動 宿泊
7	のびのび@もーにんぐ	孤食・欠食を予防するための朝食支援．朝食を抜いてしまうことが多い子どもたちがサポーターと一緒に朝食をとる場を提供する．朝ごはんを食べることができない子どもに食事を届けることができるが，普段の登校時間より朝早く起きなければならないことや，学区が違う場合，食事提供の場まで出向かなければならないという難しさがある．※のびのび＠もーにんぐは，現在は利用者無しのため，休止中．	朝食
8	のびのび@たいむ	各プログラムの卒業生の同窓会的な活動として，遊び中心の活動から地域イベントへのボランティア参加まで，内容は多岐に渡る．高校生になってからの居場所となることや近況共有の機会にもなるため，関係を長く続けることができる．	少人数 居場所 余暇活動
9	のびのび@だいご	少人数（2～3人程度）で，のびのび＠らいふと同様の生活支援に加え，通学合宿（醍醐の事務所に宿泊し，そこから学校へ登校），余暇支援も実施．生活習慣の改善，同年代との接し方などもみることができる．平日での実施の場合は，通学可能な範囲の子どもでしか実施できないことや，子ども同士の関係性，一人の時間の確保が難しいという点はある．	少人数 生活支援 居場所 学習支援 余暇活動 宿泊
10	ほっとタイムえんぴつ	小学校と連携して，放課後の空き教室を活用し，子どもたちの居場所づくりや自己実現のアシストを目指す．教室での遊び・宿題などの個別サポートを通じ一人ひとりの長所を伸ばすプログラムである．また通学合宿を通じて，自分のことは自分するというような自立の一歩が見られる．しかし活動に参加している子の特別感，他の子からの目線，学校内での制限というものもある．	少人数 生活支援 居場所 学習支援 宿泊
11	中3学習会	福祉事務所などから紹介された中学生を対象に，高校進学のための週1回の学びをサポートする．一緒に勉強したり将来や日頃の悩みを話したりすることで，進路を考えることをサポートする活動．主に中学校3年生が対象．「困っている」子どもとつながりやすく，子どもにとってサポーターが将来モデルの一つとなることもある．進路をサポートするための知識（受験制度）が必要となり，参加者同士の関係性（異性，同じ中学校等）への配慮も必要になる．	少人数 個別対応 居場所 学習支援

い子どもたちに対して，学習・遊び等を通じて，自己肯定感を高めていくプログラムである．利用者宅への訪問型の個別サポート事業として始まったが，ここから，訪問型，通所型，地域活動型と活動場所を展開し，またその内容も体験，学習，余暇と広げていった．つながる子どもの希望が異なるため，柔軟な活動展開を行うことで，長期間の関わりともなっている．また，この楽習サポートのびのびは活動開始から16年経過し，サポーターとして活動を支えてくれる当時の子どももいる．

このような個別活動をするにあたっては，保護者とのコミュニケーションも多くなるため，より多くのニーズを知ることとなり，生活支援や学習支援に活動が広がるとともに，子どもの貧困についても事業を展開することとなった．その後，楽習サポートのびのびという一本の川が子どもとの出会いで，枝分かれし，多くの支流を生み出すが，数年経過するなかで，活動が再び大きな一本の本流に統合されていき，再び子どもとの暮らしや日常を，子どもと一緒に改めてつくる現在の「楽習サポートのびのび」に展開している．

これらの取り組みのすべてを少数の事業コーディネーター（職員）と地域住民や市民ボランティアがサポーターとなって支えてくれている．そして運営面では，「京都府子どもの城づくり事業」の委託を受けることでその多くの事業を支えることができている．

以下では，それらのなかで，学校との連携による事業，および他団体との連携による事業について説明する．

小学校との連携による事業：ほっとタイムえんぴつ

楽習サポートのびのびの活動が広がりを見せるなかで，その活動のエッセンスを活用したいという声が集まり，学校や行政との連携も始まっていく．学校との連携の詳細は後述するので，ここでは楽習サポートのびのびから最初に生まれた学校連携「ほっとタイムえんぴつ」について触れておく．

この事業は小学校と連携して，放課後の空き教室を活用し，子どもたちの居場所づくりや自己実現のアシストを目指す．教室での遊び・宿題などの個別サポートを通じ，一人ひとりの長所を伸ばすプログラムとなっている．また表5－1にある「のびのび@だいご」における通学合宿とも連動させることで，生活面においての「自分のことは自分でする」というような自立へのサポートにもなっている．さらに普段の放課後活動で日常的に子どもと関わる機会を持てることで「困っている」子とつながりやすく，他の活動が必要な場合に参加につながりやすくなる．さらに学校を活動場所として使用できるため，子どもも参加しやすい取り組みである．

しかし活動に参加している子の特別感，他の子からの目線，学校内での制限というものもあるため配慮も必要である．

地域・他団体との連携による事業：中3学習会

京都市ユースサービス協会と京都市子ども若者はぐくみ局との連携による学習支援事業であるが，これは福祉事務所から紹介された中学生を対象に，高校進学のための週1回の学びをサポートするものである．一緒に勉強したり将来や日頃の悩みを話したりすることで，進路を考えることをサポートする活動であり，主に中学校3年生を対象に行っている．他地域にも同様の活動があるが，楽習サポートのびのびの活動の特徴を生かし，個別対応，少人数制で，学習の時間を持つ．個別対応をしていることで，「困っている」子どもとつながりやすく，子どもにとってサポーターが将来モデルの一つとなることもある．実際には学習支援だけでなく，子どもたちにとっての休息や交流の要素もある．

個別対応でサポーターが関わることが重要である．また進路をサポートするための知識（受験制度）も必要であり，進路を決定していくための情報収集も一緒に行っている．一方で子どもたちの個別事情もあるため，子ども同士の関係性（異性，同じ中学校等）への配慮も必要である．

（2）信頼できる大人との出会い

ここまで紹介してきたように，対象や方法，地域によってそれぞれで出会う子どもや家庭の状況のニーズに応えるかたちで活動展開をしている．しかし子どもの行動範囲を考えると，各学区ごとでそれぞれの状況にあわせた活動が展開される必要がある．

特に子どもと活動で一緒に過ごす時間は，子どもの生活のほんのわずかな時間にすぎず，その他の大人や場所で過ごすことの方が多いのが現状と言える．

① 子どもと出会い，子どもから活動をはじめる．
② 地域の住民や学校，関係機関，そしてアンケートなどから活動の必要性を捉える．
③ ①，②を踏まえて改めて子どもとともに必要に応じた活動をつくる／つなぐ．
④ 子どもの状況を踏まえ，子どもがアクセスしやすい環境と必要な体制，ネットワークを構築．
⑤ 子どもとの活動を続けつつ，子どもの声から捉えた問題の改善に向け各所へ働きかける．
⑥ 制度の改善が必要な場合は，全国のネットワークで力を合わせ代弁的提言．
⑦ 関わるスタッフ，関係者へのフォロー／活動振り返り．
⑧ 子どもの受入れを通じて，家庭とのコミュニケーションを図る．
⑨ 継続的なサポートができるよう，事業／団体の基盤強化を図る．
⑩ 子どもが地域でより安心に暮らすことができるよう，地域での子どもの貧困問題などを周知／啓発．

図５－２　山科醍醐こどものひろばの支援展開

出典）幸重・村井（2018：112）から筆者作成．

そこで，活動に参加していなくても，子どもが信頼できる大人と出会うことができるように，各学区で行われる活動に可能な範囲で協力し，その機会を増やすことにも取り組んでいる．2017～2019年度の３年間では京都市の「子どもの居場所づくり支援事業」を受託し，京都市内各地で行われる活動のサポートを行い，その一環で山科区・伏見区醍醐地域内で地域活動の立ち上げサポートなども行ってきた．あわせて，山科醍醐こどものひろばすべての事業には，０歳から幅広い年齢の大人までが活動に参加しているため，子どもが，様々な価値観や想いを持った大人たちと出会うことができている．信頼できる大人との出会いは，子どもたちが生きるための選択肢を増やすと考えている．

そして直接事業や連携事業だけでなく，これらの事業を通じて見えてきた問題点や，活動の価値などを政策に反映できるように，政策提言も行っている．政府の子どもの未来応援国民運動への協力や京都府の子どもの貧困対策計画策定委員への参画といった機会だけでなく，各講演活動や研修の機会も設け，周知・提言なども行っている．

ここまで上げた事業の立ち上がりの流れや各プログラムをどのように展開しているかをステップとして図５－２にまとめておく．

3．学校・行政・地域連携における子どもの育ちの環境づくり

子どもの貧困対策を掲げて取り組み始め10年が経過し，そのなかで多くの子

どもと出会い，活動してきたが，それは多くの関係機関や地域住民の協力・協働がなくては実現しなかった．山科醍醐こどものひろばでは，直接運営する活動だけでは十分に活動が子どもに届かないからこそ，地域のなかで，学区を意識した連携・協働の取り組みを多く行っている．学校との連携による放課後・余暇活動，行政や公益財団との協働による学習支援，地域飲食店の協力による個別活動，また地域が主体となって取り組む子どもとの活動への協力，そして地域で子どもとの活動をする団体同士のネットワーク構築や，意見交流の場づくりなどこの10年間で様々な動きが生まれた．以下ではそのなかで特徴的な取り組みについて説明する．

（1）Ａ小学校との連携による放課後活動・通学合宿

山科醍醐こどものひろばでは，2008年に醍醐地域で野外活動やものづくりなどの活動ができる拠点を契約し，様々な体験活動を行ってきた．大きな物件であったことから，宿泊型の取り組みも可能であり，そこで2010年から始まった日帰りの生活支援だけではなく，宿泊を伴うサポートもできるのではないかと検討を始めた．また2010年の春にその拠点の近くにあるＡ小学校と山科醍醐こどものひろばを京都市のスクールソーシャルワーカーがつなぎ，どのような連携ができるかを模索し始めたタイミングでもあったため，まずは小学校の放課後学び教室への協力から始めていくこととなった．

その後，その活動にくる子どもたちの生活面のサポートも行うこととなり，小学校と連携しての通学合宿が行われるようになった．この通学合宿は，月に１度，平日の放課後学び教室終了後から始まり，銭湯に行き，その後夕食を子どもたちと作り，学習や余暇活動を行い，次の日の朝はまた学校へ登校するというプログラムで子どもの生活面のサポートを行った．実施に至る過程では，拠点のある地域への説明や顔つなぎなどに行政にも協力してもらい，関係構築をしたことも実現につながった重要な点であると言える．

この連携から，2012年度にはＡ小学校の放課後支援事業として「ほっとタイムえんぴつ」が生まれ，また土曜授業への協力も行う関係となった．また2012年には通学合宿を行っていた拠点の契約が終了したため，新たにその地域に物件を確保し，そこで毎週の個別対応型の日帰り生活支援や学習支援を行うこととなり現在に至っている．この関係性から，2013年度にはA小学校の学校運営協議会発足にも参画することとなり，継続的な協力関係となっている．

（2）B中学校における放課後学習支援

2011年度より京都市ユースサービス協会が運営する山科青少年活動センター（以下，やませい）と龍谷大学地域公共人材・政策開発リサーチセンター（以下，LORC）との連携によるユースサポート学習会や意見交換会・研究会がスタートし，2013年9月にざっくばらんサロン「しっとこ10代しゃべっとこ山科」として参加型二重円卓会議[1]を実施することとなった．このときに円卓会議に参加したB中学校との議論のなかで，地域の中学生の現状と学校現場の悩みを共有したことがきっかけとなり，やませいと，山科区社会福祉協議会，山科醍醐こどものひろばの三者連携によるB中学校での地域福祉型学習支援事業が行われることになった．2014年には，やませい，LORCとの協働でB中学校及びB中学校区の小学校2校合同の教職員研修や勉強会などを企画し関係作りを進めながら，10月にB中学校での放課後学習会をスタートすることができた．

この間学校との関係作りとあわせて，中学生の定期試験前や夏休みの補習などにも協力したことで，教員や生徒との関係を構築できたことも実現できた要因であると考えている．そしてこの過程において，B中学校としては開かれた学校づくりにも取り組み，新たに学校運営協議会も設置し，そこに参画することで現在も放課後学習会，学校運営への協力関係が学校と続いている．

また，この教職員合同研修などを経て小学校とも関係構築ができたことから，小学校の放課後活動への協力も行われるようになった．

（3）山科区子ども・若者未来トーク

2015年には，山科区役所でも子どもの貧困や子どもの居場所，関わりについて地域の実践者や住民と議論をし，新しい取り組みを考えていく流れが出てきた．そこでその年の12月に「山科区子ども・若者未来トーク」を実施することになった．京都市は市民参加型の政策形成やまちづくりに取り組んできた流れで，各区役所でも定期的に区民参加型のまちづくりワークショップを重ねてきていた．その知見を生かしつつテーマ・分野を子ども・若者に絞っての企画となり，2018年度まで13回実施し，地域の実践報告，専門家との対話，行政の子どもの貧困対策担当からの政策説明，参加者同士の意見交換や新しい仕掛けについての議論を重ねていった．

実際に実現したアイデアもあったが，何よりこの企画に参加することで実践者や専門家，各関係機関同士が顔見知りになり，さらに日常のそれぞれの実践での個別連携に生かされる機会が増えていったことが大きな成果と言える．このつながりで現在も連携が行われていることもあり，従来の公式な連絡会や協議会形式とは違う支援現場のつながりとなった．

（4）「子ども遊び学び食堂・醍醐ネット」と地域連携

山科区では子ども・若者未来トークという形でつながりが構築されていったが，伏見区醍醐地域では，2017年に「子ども遊び学び食堂・醍醐ネット」という，地域主体で取り組む「子どもの居場所」の安定的な運営を支える仕組みを構築していくこととなる．これは伏見区社会福祉協議会と伏見区民生児童委員会，「ダイゴ5レンジャー隊[2)]」そして京都市伏見区役所醍醐支所が協定を結んだものである．そして山科醍醐こどものひろばは，これまで述べてきたような様々な事業を行ってきた結果，さらに地域住民が活動を創っていくときのサポートを醍醐支所と連携して行っていくことになった．このようなネットワークに関わることで，地域活動への関わりも円滑になるため，地域連携事業も広がることになった．

（5）京都市ユースサービス協会と地域・行政連携の学習支援

京都市の学習支援は，北区で生活保護のケースワーカーが中心となって始まったが，2010年から京都市主催での実施を京都市ユースサービス協会が担ってきた．主に生活保護世帯（現在は生活困窮世帯）の中学3年生を対象に現在市内18カ所で実施されている．

山科区では2011年からやませいを会場に開始されたが，山科醍醐こどものひろばは，開始当初より当日の現場コーディネーターとして協力することとなった．その後伏見区醍醐地域でも実施してほしいという行政からの意見もあり，ユースサービス協会との協働で醍醐支所の協力を得て学習会を実施している．開始時には醍醐支所の協力で地区担当のケースワーカーへの事業説明会を設け，できる限り各対象世帯に情報が届き，学習会に参加してもらえるように進めた．この説明会は，その後毎年醍醐支所のケースワーカーを中心としたこの事業に関わる可能性のある方への研修として継続的に行われている．2016年には醍醐地域の会場増設となり，そこでは，地域のコミュニティカフェを会場にすることになり，公的なネットワークだけではなく民間の事業者の協力を得ての取り組みともなった．さらに2018年には，醍醐地域３カ所目となる学習会を醍醐支所の会議室で実施することになり，より多くの子どもたちを受け入れる体制となっていった．この間，この学習会の説明を地域の中学校校長会で説明できるよう醍醐支所が働きかけ実現することとなった．それからは毎年前年度の報告と新年度の説明を校長会で行っている．

このようにケースワーカーとの関係作りや学校との関係作りに醍醐支所が尽力してくれたことが，その後連携事業や山科醍醐こどものひろばが行う個別対応型の活動への活用につながっていった．これは重要なポイントと言える．

（６）2017年度実施の子どもへのアンケート調査

関係機関や地域住民，また子ども同士のつながりから一人ずつ個別対応を求める子どもと出会い，活動を行っていくなかで，子どもたちは実際に公表されている統計などでは汲み取れない困難を抱えているのではないか，という思いから，2017年度に地域のなかでアンケート調査を実施した．調査は，山科醍醐こどものひろばが助成を受けた子供の未来応援基金の助成事業「アウトリーチによる地域連携型子どもの貧困対策モデル組成事業」の一環で実施した．

本調査は，山科区，伏見区醍醐地域に所在する公立小学校21校の協力のもと，５・６年生に任意で，無記名で子ども自身が記入するアンケートであり，保護者も教員も内容を確認できないよう実施した．回収率は46％であった．学校により回収率に差があったが，地域全体の状況を俯瞰する上では重要な調査となった．何よりこの調査は学校の協力なくしては実現できないため，まず学校の事情でできなかった学校を除く地域内の学校のほとんどが協力してくれたことは，今後の連携含め重要な取り組みと言える．また悉皆調査ではないため，地域の子どもすべてを把握できるわけではないが，生活上のリスクを抱えやすい子どもや，困難になる可能性は低いがリスクを抱えている子どもの規模の把握やその特徴やニーズなども確認できた．

特徴的な傾向については，① リスクを抱える子どもの方が自己肯定感が低い傾向，② 人とのつながりの希薄（相談相手や遊び相手などがいない，孤食など），③ リスクのある子どもの方が生活支援や学習支援などへの参加欲求が低い，④ リスクのありなしに関わらず非日常的体験活動への関心は生活支援や学習支援などに比べると高い，⑤ 学区差も大きい，といったものがある．このような結果から，大きく三つのアプローチを挙げることができる．

アプローチ①：学校を拠点とした子どもの貧困対策事業を普及させ，効果的な支援体制を構築する．

アプローチ②：地域の中での予防的取り組み（予防的機能）を増やすため，子どもと大人の接点をつくる．

アプローチ③：活動への参加欲求が低い子ども達へのアプローチとして，より興味関心の高い活動へカタチを変えて参加できる機会を増やす．

もちろんこれらの調査やそこで考えられたアプローチは，一部の調査結果であり，また山科区・伏見区醍醐地域の特定の学年の話でしかない．しかし，ここを足掛かりに新たな事業展開や連携，提案が生まれると考えている．

（7）連携事業を行うなかでのポイント

連携が円滑に進んだ背景にはいくつかのポイントが見られたため，そこについて整理しておく．

① 従来事業での認知（まちたんけん・創作劇・親子劇場）

同じ地域で40年間活動を行ってきたことにより，連携を始める以前から，山科醍醐こどものひろばの認知が連携先にあったというのは大きなポイントである．体験活動として取り組んできた「まちたんけん事業」では，子どもたちと地域の歴史や文化に触れ，学んだことを子どもと一緒に冊子にまとめ，山科区内の小学校に配布することや,「山科かるた」を制作し，出前授業なども行っているため，それらを目にしたことがある学校などが多い．また子どもと大人が一緒にワークショップや稽古を重ね一つの演劇を作り公演を行う「山科醍醐こどもの創作劇事業」では，子どもが出演した公演を地域の方や学校の先生が鑑賞してくれているということもある．そして前身の親子劇場時代から，子どもが活動対象年齢の間，会員として参加してくださった方が地域には多く暮らしておられ，連携先で働いておられるということも少なくない．そのため，組織間の関係構築やコミュニケーションが円滑となり，連携につながったのは大きい．

② 住民ネットワーク（会員のなかに地域の役員）

さらに，先述したとおり，かつての会員や現在の会員が地域に暮らしていることから，PTA や自治会などの地縁組織にも多くのつながりを持つことができている．そしてかつての会員の中には地域活動の役員になっておられたり，民生児童委員をされている方も多く，この点も連携促進には大きな追い風にもなっている．

③ 入り口デザイン（関係作り）

この数年では，子どもの受け入れ相談を受けた際，初めましての子どもというよりは，地域のイベントや学校行事ですでに出会っている子どもが多くなっている．またすでに活動に参加している子どもの友人や家族ということも少なくない．これまで地域行事への遊びコーナーの出展や学校の夏祭りの補助，実行委員会への参画など，子どもと関わる様々なイベント等にも組織全体で関わってきた．そのなかで，多くの子どもたちと出会い，そのときの出会いをきっかけに個別対応型の活動につなぐこともある．

このようにすでに顔見知りになっていることや関係構築を開始していることで,「あのときの遊びの人」というイメージを持ってもらえるため，最初の面談でも円滑に進めることができる．またイベント時に家族で参加されている場合は，その家族とも出会っているため，保護者との面談なども円滑に進むことが多い．

相談を入り口にするのではなく，出会う機会を多くつくることが重要と言える．これは連携先についても同様で，イベント時に関係機関同士が顔見知りになることも多く，同じ経験をしていることで話が進みやすくなることも多い．

④ 多様な選択肢とオーダーメイド

連携を求める山科醍醐こどものひろばのような団体は多いが，実際には，自身がやりたいこと，相手に期待していることをお願いし，それを形にしたいと考えてしまうことも多い．「学校とつながれば子どもとつながれる」といったものが代表的であるが，学校としては，そのような声が多く寄せられる中，連携する先を選ぶことは非常に難しい．また学校が望んでいることとは違うことや，学校として優先順位が高くないことに対しては，学校は対応できないことも多い．そのため，団体としてやりたいことを押し付けるのではなく，連携する相手と実現したいことを形にするための協議をしていくこと，まずはそれぞれが思うやり方で実践した上で，毎回その方法への振り返りなどを重ねながら，子どもにとってこの連携ですべきことを形作っていくことが重要である．

またこのように連携を重ねた行政担当者や教員はいずれ人事異動によって他地域にいくことになるが，異動先でもその知見を生かした動きをされ，新たな連携が生まれることもある．

4．制度外事業による重層的関わりとその蓄積の重要性

（1）年齢・方法別支援から継続的・重層的個別活動へ

ここまで多くの事業や連携事例などを見てきたが，これらは従来の公的支援・制度支援でも見られるような年齢別や方法別，状態別といった区分けがされていることが多く，対象外の子どもを生み出すことも少なくない．また，多くの活動はある年齢・学年になると参加ができなくなったり，一つの方法（学習支援なら学習のみ）しか認められないということも少なくない．

そして子どもは，困っているときもあれば，困っていないときもあるというように日々状態が変化していくものである．10年間の子どもの貧困対策の活動や40年間の活動を時間軸でみてみると，子ども時代は何事もなく暮らしている

ように見えていたが，成人するような年代で困難を抱える若者や，活動対象年齢を超えた3年後に改めて相談にやってくる子どもなど，短期間で，一時期だけを見て，問題解決や子どもの成長を捉えるのは難しいと考えている．

その意味では，子どもと出会った時とその後の日常，そして人生のなかでどのように個別対応しながら継続的に関わり続けることができるかという視点が重要になる．また，成長や生活ステージにおいて必要とされる支援が変わることから，福祉や教育の分野だけでなく，様々なニーズに応えられる重層的な支援についても考える必要があるし，そのための環境整備は重要になる．

（2）小地域活動と地域越境型活動の組み合わせ

子どもの活動では子どもが通える範囲として小地域活動が望ましいが，その範囲は地域によって変わってくる．小学校区・中学校区という地域もあれば，町内・集落単位というところもあるだろう．子どもが通え，活動を支える資源がその地域にあるのであれば，その小地域活動で十分と言えるが，必ずしも望む資源が地域にあるとは限らない．また子どもも顔見知りの子どもが来ることを望まない子どもも多い．いじめや貧困といった背景は特にその傾向がある．そのため一つの支援があればよいというわけでもないし，地域に一つしかない場合は，他地域への越境も方法として考えておくことも必要である．資源も同様に地域外から呼び込むことも求められる．その意味では，地域の子どものことを考えながらもその周辺地域の情報や関係づくりをすることも活動を子どもに届け続けるには必要な行動と言える．

5．安全を確保し安心を届ける活動を続けるには

京都市では，現在子どもの居場所づくりを促進するための取り組みを京都市と京都市社会福祉協議会が連携し取り組んでいる．山科醍醐こどものひろばとしては，その取り組みへのサポートなども行っている．また，民間で子どものサポートをしていこうという想いは増えてきている．しかしその状況のなかでコロナの影響を受け，従来の地域活動もできず，新たな子どもの活動を立ち上げるには難しい状況が続いている．結果従来の活動もできないことから，大人

の活動者が減少し，子どもと大人が出会う機会が失われてきている．そして学校現場もコロナへの配慮をしながら，子どもへの関わりを続けている現状がある．

このような現状において，ボランティアとして活動する活動者の安全を確保しつつ，子どもたちに安心を届ける活動がこれから必要になると考えている．コロナは子どもを取り巻く家庭環境・学校環境を大きく変えたが，その影響は子ども一人ひとり違うことは言うまでもない．地域もコロナへの配慮は進むため，安全への機運が高まり，制限が多い環境が増えている．確かに安全ではあるが，家庭や学校，地域の暮らしのあらゆる場面で制限が増えてくるなかで，従来から困難を抱えていた子どもはさらに困難を抱え込むことにもなる．このような状況を踏まえ，地域の活動として，どのような活動をすべきかと考えた場合，小規模・個別でよいから一人ひとりの子どもに関わり安心を届ける活動が重要になるのではと考えている．そしてそれは一つの団体や場所で担えるものではないのは明白である．現在いくつかの新しい活動をおこしたいという相談もでてきているため，それぞれのできる範囲で活動を届けようとしている人をサポートしながら，これまで以上に活動を行い，そのなかで各関係機関，連携先，それぞれのアクションが手を取り合えるための動きも行う必要があると考える．

註

1）みらいファンド沖縄が開発した，地域円卓会議の手法であり，地域社会の課題の解決を目指す対話の場として，NPO と企業，地域，行政などの関係機関や参加者と問題の共有から課題を表出させ，解決に向けた協働を促進するものである．

2）醍醐地域の地域の自治町内会，少年補導委員会，防犯推進委員協議会が中心となり，山科警察署，醍醐地域の小中学校，府立東稜高等学校，パセオ・ダイゴロー，アル・プラザ醍醐，MOMO テラス，イズミヤといった企業及び醍醐支所が参画する組織で，青少年の非行防止等を目的に，地域のパトロール等に取り組んでいる組織．

参考文献・資料

公益財団法人京都市ユースサービス協会（2019）『ユースシンポジウム2019報告書　学習支援事業の現在地――10年目の成果とこれからを考える――』公益財団法人京都市ユースサービス協会．

公益財団法人みらいファンド沖縄（2013）『沖縄式 地域円卓会議 開催マニュアル』公益財団法人みらいファンド沖縄.

特定非営利活動法人山科醍醐こどものひろば（2011）『ここから動き出すための報告書――2010年度版シンポジウムレポート――』特定非営利活動法人山科醍醐こどものひろば.

特定非営利活動法人山科醍醐こどものひろば編（2013）『子どもたちとつくる貧困とひとりぼっちのないまち』かもがわ出版.

特定非営利活動法人山科醍醐こどものひろば（2016）『子どもの貧困対策に地域で取り組む支援者のアクションサポートBOOK――とらのまき――』特定非営利活動法人山科醍醐こどものひろば.

特定非営利活動法人山科醍醐こどものひろば（2017）『アウトリーチによる地域連携型子どもの貧困対策モデル組成事業　調査研究山科醍醐こどもインタビュー実施報告書』特定非営利活動法人山科醍醐こどものひろば.

特定非営利活動法人山科醍醐こどものひろば（2019）『学校連携地域福祉型学習支援モデル推進事業報告書』特定非営利活動法人山科醍醐こどものひろば.

特定非営利活動法人山科醍醐こどものひろば（2020）『第21年度活動報告書』特定非営利活動法人山科醍醐こどものひろば.

幸重忠孝・村井琢哉（2018）『まちの子どもソーシャルワーク』かもがわ出版.

（村井琢哉）

第6章

ももやま子ども食堂

（沖縄県沖縄市）

1．沖縄県内初の子ども食堂としてオープン

ももやま子ども食堂は，2015年5月5日に沖縄県内初の子ども食堂として沖縄市内にオープンした．2010年より，沖縄の子どもの様子や育ちを支える仕組みづくりを考える「沖縄市子ども施策研究会」を定期的に開催していた（2021年2月現在では45回を数える）．その中でネットワークができ，準備会での様子を県内の新聞テレビが好意的に取り上げてくれ，寄付金や食材等協力したいとの問い合わせや反響もあった．そこで，資金の目途も立たない中ではあったが，喫茶店の跡をご提供いただいて手探りの状態でスタートした．開所以降，ひと月でおよそ100件を超える問い合わせがあり，その後，沖縄県内において100カ所を超える子ども食堂（居場所）が広がる先駆けになった．

開催当初は週1回の土曜日の夕食のみで，ボランティアで活動を展開した．2016年10月より内閣府の補助金を得て，平日の子どもの夜の居場所としても活動している．今日では常勤スタッフ3名を配置し，一軒家をかりて活動している．なお，2020年コロナ感染拡大に伴い，40名以上の子どもたちが来所する土曜日の子ども食堂は安全性の観点から休止し，平日の子どもの夜の居場所のみを開所している．

2．沖縄市の生活と施策

（1）基地と隣り合わせの生活と暮らし

ももやま子ども食堂がある沖縄市は，1974年，旧コザ市と旧美里村が合併しスタートした．沖縄戦ですべてが焦土と化した後，米軍の土地接収，嘉手納基

地等の建設に伴い，職を求めて多くの人々が流入し，この地域は基地の門前町として街が形成された．また，多くの土地を基地に奪われ，基地に依存するという経済状況のゆえ，製造業が育たないという社会構造を生み出した．基地と隣り合わせに生活と暮らしがあることは戦後一貫している．

沖縄県内で沖縄市は那覇市に次いで2番目に人口が多い．2015年の国勢調査では人口13万9279人，人口増加数は沖縄県で最も多い．人口増加率も6.96％を記録し全国の市で20位．嘉手納基地などの米軍基地を多く抱える事情などから，国際色が豊か，独自の文化を持つ沖縄の中でも特に独特の雰囲気がある．沖縄県内で最もエイサーが盛んな地域でもある．

（2）人の孤立化が進む地域社会の変容

沖縄戦から米軍統治，日本への復帰を経て，沖縄振興予算の投入によるヤマト化の波は，沖縄市においても地域社会を大きく変容させている．かつて生活は苦しくても互いが支え合うような地域文化もあったが，今日では人の孤立化が進んだとの指摘もある．

子ども食堂を開設し，地域を廻り言われたことで印象深い言葉がある．40代女性の自治会役員の方が，「自分の子どもの頃は御飯を自宅で食べられなければ隣の家で食べ，なければまた隣の家で食べた」．その様なことはどの様な子どもでも経験したことがあったとの話は印象的であった．また，別の40代の女性は「昔は学童クラブや児童館はなかったが……公民館で幼稚園生から小学生高学年の子どもまで，一緒に遊んでいた」と語る．

これらの言葉にある光景が，80年代初頭までは当たり前の地域の光景であったことを考えると，今日では，人とのつながりが薄くなり，孤立化する子どもや大人の存在が忘れ去られているとも言えないか．特に，**表6-1**に示すとおり，ももやま子ども食堂がある地域のA自治会では，高齢化率，独居率，保護率が市平均よりも高く，複数のリスクを抱える世帯が多いことが推測される．

（3）深刻な生活状況と地域格差

第1章で沖縄県全体の貧困に関わる状況が示されたが，**表6-2**は，沖縄県の中で沖縄市はどのような位置付けにあるのかがわかるデータを示した．沖縄

表6－1　沖縄市全体とA自治会との比較

	人　口（人）	高齢化率（65歳以上）（%）	高齢化率（75歳以上）（%）	独居高齢者（%）	生活保護率（%）
沖縄市全体	142,044	19.6	9.6	6.0	3.7
A自治会	3,961	26.0	15.9	10.2	6.8

注）「生活保護率」は2019年6月末現在，それ以外は2018年10月1日現在.
出典）沖縄市「平成30年　沖縄市地域福祉計画」.

表6－2　沖縄市の生活実態

指　標	全国（%）	沖縄県（%）	順　位	沖縄市（%）	県内順位
生活保護率	1.3	2.4	5	3.7	2
17歳以下人口の生活保護率	1.3	1.5		1.9	
就学援助率	15.4	20.4(1)	10	28.8(2)	
離婚率（千人当たり）(2)	1.8	2.6	1	2.9	11
10代の出産率(1)	1.2	2.6	1	3.3	7
有業者年間所得200万円未満世帯	9.4	24.7	1	53.2	

注）(1)2015年度，(2)2016年度.
出典）沖縄市経済年鑑2019年度.

表6－3　就学援助率（2016年度）

援助率（%）	15～20	20～25	25～30	30～35	35～40	40～45	45～50
小学校数	2		8	4	1		1
中学校数			3	2	2		1

出典）2018年1月沖縄市教育委員会学務課より筆者聞き取り.

県の中でも沖縄市がより深刻な状況にあることが理解できる.

加えて，沖縄市の中でも地域格差がある．**表6－3**は沖縄市内24校それぞれの学校における2016年度の就学援助率を示している．沖縄市全体の就学援助率は28.8%だが，学校別にみると最も低い学校は16.7%，最も高い学校は49.0%にのぼる．旧コザ市の校区に経済的困窮層が多い.

（4）施策課題を残している保育と教育

保育所

この数年来，保育所の整備を行ってきているが，認可外保育所の数も少なく

表６－４　保育所を利用している所得階層

世帯年収（万円）	生活保護	～255	～334	～467	～640	～932	～1132	1132～
保育所利用（%）	0.8	26.3	21.1	25.1	15.9	9.5	0.6	0.6
保育料（円）	0	6,000	13,100	19,300	26,100	27,200	28,200	32,100

出典）沖縄市保育課より著者聞き取り．

表６－５　高校進学率（2016年度）

（単位：%）

	全　体	生活保護	ひとり親世帯	要保護・準要保護
全　国	98.9	93.3		
沖縄県	96.6	85.8		
沖縄市	96.2	84.1	91.6	91.6

出典）沖縄市のデータについては2018年12月議会答弁より作成．

ない．沖縄市の認可保育所は88（2020年４月現在），認可外保育所は43（2020年２月現在）ある．保護者の就労を支え子どもの育ちを保障するためにも，保育所はセーフティネットと言える場所である．**表６－４**は保育所を利用している家庭の所得を示しているが，低所得層の利用が多い．第３次産業に従事する割合が80%を超え，非正規雇用やひとり親世帯の割合が高い沖縄市において，最初の砦とも言うべき子ども施策に課題を残している．

学童保育

厚生労働省の「沖縄県放課後児童クラブ実施内容調査」によると，学童保育の保護者負担平均額（おやつ代，送迎費等実費負担分含む）は2017年度，全国平均6000円未満，沖縄県9129円，沖縄市１万1300円である．一方，沖縄市においては，子育て世帯年収334万円以下が約50%を占める．学童保育を必要とするにもかかわらず，世帯年収が低く利用できない現状が想定される．

中学生の進路

表６－５は中学生の高校進学率である．ここでも，沖縄市は沖縄県の中でもより深刻な状況にあることがわかる．

3．人の成長に不可欠なことが奪われている子どもの状況

2015年開所以来6年目を迎え，子どもの年齢も小学1年生から高校3年生までの子どもたちが利用している．開所当時，小学生であった子どもたちも高校生になり，現在も利用している．ももやま子ども食堂を展開する中で，学校や地域の中で居場所が見つけられない傾向が見られる子どもの存在が明らかになってきている．そこにあるのは，経験・体験，人との出会い・つながりという，人が育ち成長するために不可欠なことが様々な事情で奪われてきているという状況である．

一方，自分なりの居場所等を別に見つけた子どもは，ももやま子ども食堂には定着しない傾向を感じる．

（1）子どもの様子（子どもの言動から）

- 「朝から何も食べてないから何か食べ物をくれ！」
- 「明日も同じTシャツ着て良い？」
- 「お母さんが家にいないから帰りたくない」，「オレ自分でホットケーキ焼ける！　お母さんいつもいないから」
- 「白いごはんがいい」
- だっこして，おんぶして（4年生男子，6年生男子）
- 男性スタッフとの関わりかたが不得手（関わりたい気持ちはあるが）
- 「ねぇ暇？」……遊びたいが，遊び方がわからない
- 惰性で遊ぶ小型ゲーム……ゲームの中に逃げる
- 「自分も役に立ちたい！　子どもは役に立たないなー」
- 低学年の小学生が下の兄妹の幼稚園生を連れて外で遊ぶ

（2）親，地域，学校の状況

- 朝から遅くまで働いているお母さん
- 子どもたちの放課後の過ごし方を知らない
- 子ども食堂に来る子どもにとって，自治会に入り子ども会で活動することは

別世界の話で，この時点で子どもの中に分断がある

- 給食の時間に弁当が持参できず，トイレにいたことに気づかない学校……黄色信号の生徒が多い（おとなしく，一見問題行動がないので，シンドサが気づかれにくい）
- 子どもの状態が赤信号になって気づく，その時の対応になるので重篤化する

（3）子どもの生活実態の整理

① 子どもが放課後や夜，一人で又は兄弟だけで過ごしている実態（子どもが子どもの面倒を見ている）
② 孤食や食卓を囲む等，当たり前と思われる子育ての文化が崩壊している
③ 栄養の偏り（偏食傾向，痩せすぎ・肥満……）
④ 親の子育て実態の厳しさ（不安定な就労状況）
⑤ 地域社会の変容（以前の子どもを地域で育てると言う事が難しくなっている）
⑥ 子どもの育ちや子育ての孤立化
⑦ 子育て環境の未整備（待機児童率人口比全国一，学童保育料の高さ，児童館の未整備等）
⑧ 朝，起きれず遅刻
⑨ 生活習慣の未確立
⑩ 学習面での課題
⑪ 通常得られる体験・経験，人との関わりの不足など

同時に，単に経済的な生活困窮だけでない文化的，人間関係からの排除状態にある子ども市内に多数存在することが想定されるが，その多くが未だももやま子ども食堂にはつながっていないという状況である．

4．居場所として取り組んできたこと

（1）子ども食堂と夜の居場所の２本の柱

開所当時のボランティア領域の居場所から，沖縄県子どもの貧困対策，子どもの居場所づくり補助事業として2016年10月よりスタートした．

ももやま子ども食堂は，誰でも来れる居場所（子ども食堂＝土曜日のみ）にするとともに，そこからキャッチした，「困った」を抱え丁寧な関わりが必要と思

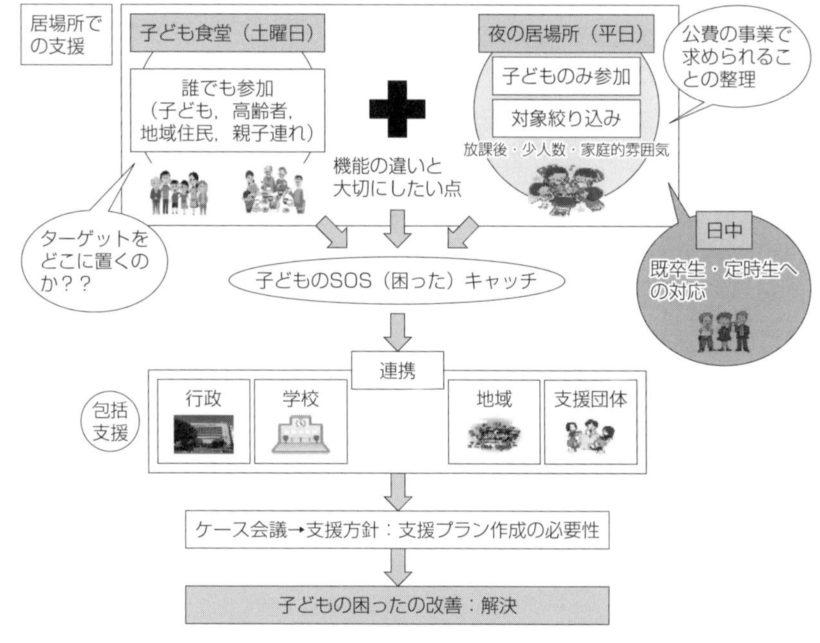

図6-1 居場所の取り組みイメージ図

われる子どもに対しては夜の居場所（平日）として展開し，曜日ごとに小学生と中高生に分けて，少ない人数で対応している．

無論，子どもの課題は多岐に渡り居場所だけでは対応が困難に思われることから，対応できること，できないこと，他機関との連携を図り何を担っていくのかを擦り合わせることを確認することを，沖縄市に示しながら事業を展開してきた．

（2）泊りの機能

「時々養護が必要な子ども」の存在

朝起きられない，学校へ遅刻，結果登校にムラが生じる．安心できる空間が乏しく，寂しい想いをして育っている．そうした子どもたちに対し，夕食だけでなく夜の泊りの必要性を感じ，ももやま子ども食堂に通うある小学生の「夜，家にいて寂しい，ももやまで泊まれたらいいのになあ～」という言葉を発端に

土曜日のももやま子ども食堂（誰でも参加）

平日のももやま子ども夜の居場所風景
（小学生とスタッフ）

平日のももやま子ども夜の居場所：
夕食風景　スタッフと中高校生

写真６－１　平日夜の居場所

2018年度から通学学宿がスタートした．

さらに，シンドサを抱える中高生の夜の居場所も不足している．そこで話をじっくりと聴いてあげられる場所への対応として“通学合宿”を実施し，利用のハードルが高くならないよう工夫している．また，教育委員会や担当課とも話し合い保護者の同意も得ながら展開している．なお，自主事業のため公的な助成は得られず，民間の助成金等を活用して継続し取り組んでいる．

その成果として，子どもの本音や想い・願いが引き出せた．そして，学校復帰，高校合格など，こちらが予想していなかった成果が見られた．他の児童についても参加後は事業所や学生と良好な関係が築け，平時の活動への参加も定着が見られるようになった．保護者や学校の理解も事前に得られ，目的を明確にした上での子どもたちの泊り事業は継続する必要性が可視化された．以上から泊り事業を通してこれは特に中高生に対して有効であるという結果が得られ，確信が持てる取り組みになった．

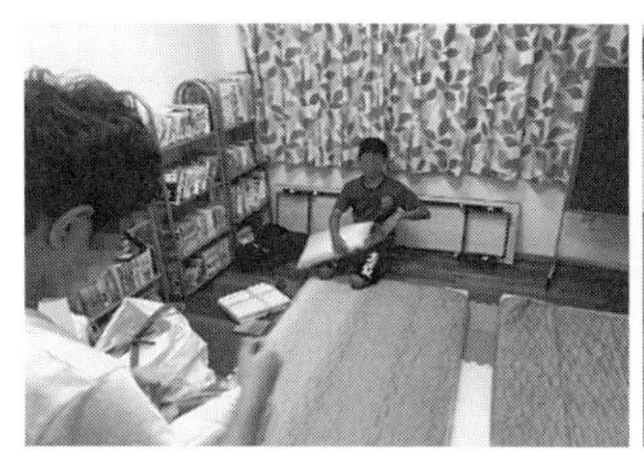

写真6－2　通学合宿の様子

出典）ももやま子ども食堂.

課題としては，視野に入れていた就寝から登校支援までには至らなかった点がある．また，1泊のみの対応では不十分であり，これも今後に向けての課題と言える．子どもや家庭との関係づくりを踏まえ，登校支援も含めて2泊以上の泊りについては対象児童の抽出はもちろん，関係機関や学校との密な情報共有や連携も今まで以上に求められる．示された成果を可視化させ，泊りの意義を丁寧に示していく必要性がある．

（3）子ども参画の視座

子ども食堂がスタートした時に小学生であった子どもが高校生になり，子ども自身の成長と変化が見られるようになった．彼らは自分から「○○をしてみたい」などと申し出てくれ，自身が支えられる居場所から，自らが担い手になり居場所を支える側に変化するのみならず，地域の大人を支える動きを行う活動を始めている．

支援者―被支援者を超えて，子ど

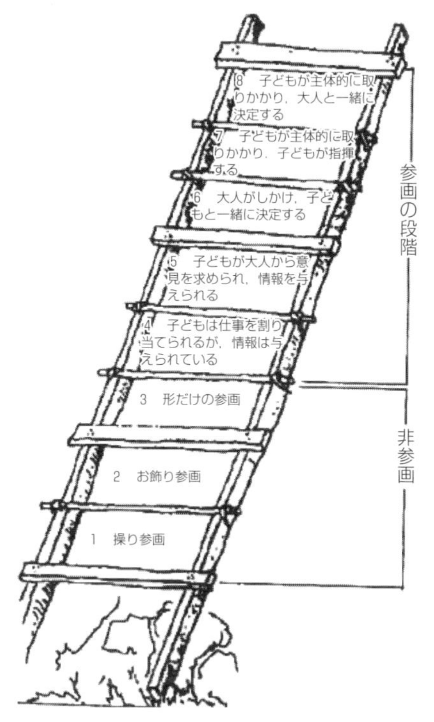

図6－2　子ども参画のはしご

出典）ハート（2000）より.

も自身が参画の主体者となり，一緒に居場所や地域をデザインし，実践する取り組みを進める．このように当事者を置いてきぼりにしないだけでなく，支え支えられるお互い様の関係を創る．自己責任として放り出すのではなく，皆が当事者となり子どもの参画を創り出すことが求められる．そのためには，図6-2にあるような視座をふまえながら地域社会の実情をもとに，取り組みを進めていくことが重要になる．

5．ももやま子ども食堂の成果と課題

（1）社会資源としての機能を果たす到達点

スタートから6年が過ぎ，県内各団体や地域社会との関わりや多くの人の寄付やボランティアの協力を得られるなど認知が進み，「ももやま子ども食堂」は社会資源としての機能を果たしてきた．また，地域包括支援センターや地域社協，企業等との連携や協働が進んできた．加えて，大学生や県内外からの視察やつながり等が増えた．

学校との協働も，課題は残しながらも地域の小中学校などとも比較的良好な関係性を築けている．居場所が何を担うのかを考えながら学校との情報共有や連携などの実践を展開してきた．

子どもにとって何が必要なのかを考え，民間の助成金などを活用しながら新たな取り組みを行ってきたが，何よりも，子ども自身が子ども食堂に定着し，そこが自分の居場所になってきたことは大きな成果と言える．

常勤スタッフや大学生，大人や子ども同士の関係の中で，少しずつではあるが自ら「〇〇したい」「社会のこんな課題に取り組んでみたい」など，居場所の担い手になる意識や行動も芽生え始めていることは取り組みの成果と言える．

（2）改めて，コロナ禍において浮き彫りになったこと

コロナ禍の中において，沖縄の県内各地の多くの居場所が休止に追い込まれた．食事・学習・生活支援などがストップし，利用する多くの子どもや家族に影響が出た．居場所を利用できない事で学習面，食事面，心理面などへ影響があったことが沖縄子どもの居場所アンケート調査結果から浮き彫りになった．

コロナ禍での保護者の声……（ももやまスタッフによる聞き取り）

① 今回の休校についてどう感じてますか？

保護者：「しんどい」の一言．子どもたちもそれぞれしんどいと思います．Aは「学校に行きたーい！」って起きながら叫んでました．

② よかったこと，大変だったことはありますか？

保護者：良かったこと……　全く思い当たりません．あ！　自分で自分の食事管理はするようになりました．子どもの食事を朝作って出るので，私が帰るまで食べ切れないものがテーブルにそのまま残してあるとほぼ傷んで食べられなくなってしまいます．これを悲しんでいたところ，昼までに食べられなかったら，子どもは自分で冷蔵庫に入れるとかしてます．

③ 社会や政治に言いたいこと

保護者：さすがに限界では．自粛，時短，理解はできますが，果たしてコロナの感染拡大防止に効果があるのかないのか，はっきりしないので．細かく，誰もが勉強できる環境と感染を未然に防ぐ対策を前提に生活に支障ない対策ができる，そうした部署（？）なりを設けてほしいです．

保護者：金銭的な対応だけでは先行き不安です．

保護者：できれば，学校に皆が行ける施策を立ててもらいたいですね．どうしても家庭で学習するとなるとAは嫌らしいです．学校は「勉強」が目的ではないということだと思います．「休校」になんのメリットも感じませんし，自粛時短したとて感染は拡大したというのが現在の心境です．国として犠牲になったのはコロナで亡くなった人だけではなく，子どもたちと，自営業の方だと思います．

スタッフ：色々しんどいです．子どもたちに救われますし，なんかしてやらなきゃと焦るけれど何もできない．

保護者：できることはいっぱいあると思います．子どもたちは無垢です．でもとても強い．子どもたちを信じることが始まりかなー．

スタッフ：子どもたちを信じる．ももやま子ども食堂の6年で自分が学んだことです，子どもたちに教わったことです．

スタッフ：月曜日にお弁当持っていったときに，Aが「いつもありがとう，雨だから気をつけてね」って．じんわり響きました．

保護者：A．じぃちゃんみたいな気遣い……でも一番手厳しい…….

保護者：真っ直ぐ前に進む．そんな大人を見て肌で感じて，己の行く道を手探りする．それが社会への一歩ですよね．

居場所があることで，コロナ禍でシンドイ状況にある家族の声を聞き取れた．居場所が担ってきたことや担っていることが浮き彫りになる話と言える．

（3）課題として（行政との関係）

ももやま子ども食堂は誰のための場所なのか，その把握と他機関との擦り合わせが必要である．特に，居場所の位置付け＝居場所が何を担うのか，そのデザインが必要である．

居場所で挙がったケースに対して，どう対応していくのか，居場所からケースを挙げても塩付けになる事も多い．また，ケースに関しては課題が多岐に渡り，どこが関係調整をしていくのか，日々の連携や課題を共有する場もない．結果，居場所が対応に苦慮するケースを担っており，負担感は少なくない．その状況が行政にどれだけ伝わっているのか，居場所のスタッフのストレスも強い．

同時に，自己責任論が広がった中で，ユイマール社会（互いが支え合う）の崩壊状況を見る時に，公助と共助の機能を強化させていくことが求められる．

6．これから，居場所で取り組む実践
―― 2021年度から新たに取り組むこと ――

子どもは地域の中で生きる．生活困窮からくる課題は経済的な問題を含めて高齢や障がいなど生きづらさを抱えさせられているという社会的排除の問題としての視座が必要である．子どもだけでない社会地域課題として捉え，子どもを中心軸に互いが支え合う実践が求められる．誰か困った人の問題としてではなく，互いが同じ地域で生きている当事者という意識を共有化し広げていく事が必要になる．その仕組みを地域の中でモデルとして進めていくことを構想し展開している．例えば，子ども食堂や夜の居場所だけでなく，高齢者の居場所としてドッキングさせていく等，小規模多世代多機能型居場所づくりなどを進

めていく．

コロナ禍において今までの課題が可視化され，社会的弱者がより孤立し生活に困窮するケースが高まっている．また，コロナ感染リスクにより人とのつながりが持ちにくい状況が生まれ，シンドイ状況の中で人が孤立してしまう現状が可視化されている．それに対し，地域包括センター，社協，機関相談（障がい），子どもの居場所（子どもたち）との連携や協働も始まり，ネットワーク化の集まりも月に1回開催しており，地域の高齢者を支える取り組みをはじめ包摂の取り組みを進めている．

居場所も単に子どもを支えるだけでなく，地域の中における居場所の新たな役割を模索し実践する段階に来ている．社会資源としての居場所をより活用していく取り組みとして，① 日中の高齢者サロン，② シンママかたりば場所提供，③ 高齢者子どもの交流サロン，④ 大学生の学習の場の確保等を民間の助成金を原資に取り組んでいる．このように取り組みを，居場所だけが担うのではなく，既存の関係機関との協働協力によりモデル事業を展開している（キリン福祉財団：助成金活用）．

また，新たな取り組みとして，地域の公民館を活用しながら，第3の居場所事業を3カ年にわたり展開していくことが決定した．本事業は，特に中高生の居場所や不登校・進路未定者なども視野に入れた居場所の展開を，日本財団の助成金により行うものである．現状のももやま子ども食堂にプラスしたものを展開していくことで，既存の制度や支援では拾えないことや民間だから行えるネットワークづくりや実践を継続発展させていく．子どもの居場所をより校区の中において社会資源として活用し，子どもを軸にした地域づくりの段階へと進展させたい．

地域社会のレベルにおいて，排除せず包摂していくことで一人も取り残さない社会を創り出していくことは，今後の社会のあり様から考えても，きわめて重要になると思われる．

特に，自己責任が問われる社会風潮の中で，地域社会においてはクッションとも言うべき子どもの居場所を中間共同体として機能させることが必要である．バラバラになっている人間関係の再構築を図ることで社会的排除を生み出さないことは，人としての尊厳や権利の具現化を図ることであり，誰もが生きられる社会づくりと言える．

7．沖縄社会の方向性

（1）理念哲学

2016年に沖縄の子どもの貧困率が示されたことや急速に広がりを見せた子どもの居場所づくりはブームを巻き起こした．しかし，ブームはいつか終焉し，何のための居場所だったのか，貧困対策だけでない理念が求められる．大きな枠組みでいえば，沖縄の子どもの貧困対策を沖縄振興の柱にしていく．

もっとも深刻な実態のある沖縄で子どもの貧困対策に成功すれば，日本全体の課題にも対応できる「人材育成モデル」となる可能性を秘めている．それこそが最大の「沖縄振興策」と言える．

（2）沖縄県及び市としての今後の方向性を考える前提

① 沖縄の子ども・若者の育成は，沖縄の未来・将来を創り出すこと．
② 貧困の子どもに特化するだけでなく，すべての子どもを育てること．
③ 子どもの居場所が担ってきたこと，到達点を整理すること．次のステージに向けた課題を可視化すること．
④ 子ども施策の整理の前提がなされること（ベーシックサービスの視点＝保育，学童保育，医療，教育，福祉が充足されているのか？　課題は何か？）．
⑤「子どもの貧困状態は，子どもの権利侵害」という視座に立つ．

（3）子ども施策を進める

① 子ども権利条例の制定

子どもの貧困対策を進める上での理念哲学を明確にする．貧困の視点だけでなく，すべての子どもの視座に立ち，条例を踏まえ，具体的な仕組みや施策を県民の意見を集約しながら行うこと（現状の沖縄県子供虐待防止条例は制定されているが，虐待のみに特化しており，すべての子どもという視座が必要である）．

② 子どものオンブズパーソン制度の創設

子どもの声を聴く，困ったの改善・解決するための公的第三者機関を設置．

③ 子どもの施策検証委員会の設置

施策が機能しているか，課題は何かを踏まえ，識者，支援者，県民等から構成される，施策の検証および提言を行える機関を設置．

④ 子どもの参画委員会の設置

当事者である，子どもの意見を反映させるための場を設置．

8．子どもの「今を生きる」を大切に

「子どもの権利の父」と呼ばれるコルチャックの言葉にある．「子どもは，未来に生きる存在ではなく，今，今日，現在に生きる存在です」．

子どもの「今を生きる」を大切にすることが未来・将来につながる．子どもを軸としながら，誰も取り残さない，そんなまちをどう創りだすのかが問われている．

参考文献

沖縄市「平成30年　沖縄市地域福祉計画」．

沖縄市「沖縄市経済年鑑2019年度」．

ハート，ロジャー著，IPA 日本支部訳（2000）『子どもの参画：コミュニティづくりと身近な環境ケアへの参画のための理論と実際』萌文社．

（鈴木友一郎）

第7章 こどもソーシャルワークセンター
（滋賀県大津市）

1．こどもソーシャルワークセンターのあゆみ

（1）行政と民間団体をつなぐ役割からの誕生

こどもソーシャルワークセンターは2012年に京都市山科区に設立した独立型社会福祉士事務所である．第5章で紹介された山科醍醐こどものひろばが，2010年にケア型の居場所として「夕刻を支える夜の居場所トワイライトステイ活動」を地域の民間団体として始めた．その際にすぐにぶつかった課題が，学校や福祉などの行政機関と民間の居場所活動が連携する難しさであった．そこで民間の居場所活動と学校や福祉などの行政機関とをつなぐ社会福祉士事務所として，山科醍醐こどものひろばとは別に個人事業として幸重社会福祉士事務所（現在のこどもソーシャルワークセンター）を立ち上げた．

当時はケースの専門的な連携支援は幸重社会福祉士事務所，実際の子どもの居場所活動は山科醍醐こどものひろばが担う共同スタイルで子どもの支援を行っていた．2013年に京都府では子どもの居場所事業として「きょうとこどもの城事業」が立ち上がり，山科醍醐こどものひろばが2014年よりその委託を受けたこと，また委託を受けるまでの実践の中で学校や福祉などの行政機関と山科醍醐こどものひろばとのつながりが直接できてきたことから，山科醍醐地域で幸重社会福祉士事務所の「つなぐ」役割はゆるやかに終わっていった．

（2）居場所の運営と子どもの居場所を広げる役割

ちょうどそのころに幸重社会福祉士事務所は，滋賀県で大津市社会福祉協議会と共にトワイライトステイ事業を立ち上げたことから，「つなぐ」役割と共に「居場所そのものを運営する」機能が求められるようになった．さらに第2

章で説明した滋賀県の縁創造実践センターの行う「淡海子ども食堂」「フリースペース事業（福祉施設を使ったトワイライトステイ）」をはじめとする滋賀県内での子どもの居場所づくりの立ち上げ支援のアドバイザーとしての業務を受けるようになり，滋賀県内に子どもの居場所を広げる役割もこの社会福祉士事務所で担うようになった．

このように活動が滋賀県中心となる中で，2016年に拠点を京都市山科から大津市へ移し，団体名称をわかりやすく「こどもソーシャルワークセンター」と改め2018年にはNPO法人格を取得し，地域の力で家庭や学校などでしんどさを抱える子ども若者を支える居場所活動を展開していくこととなった．

2．「居場所」のモデル事業づくり

（1）受け入れのための仕組みづくり

こどもソーシャルワークセンターの大きな特徴は行政（福祉・学校）などと連携して活動を展開していることである．こどもソーシャルワークセンターではこどもソーシャルワーカーと呼ばれる専門職が専門機関と民間団体の居場所活動を「つなぎ」，子どもたちと地域のボランティアを「つなぐ」役割を担っている．さらには地域のお店や企業，団体と「つながって」子ども若者たちの活動の機会を増やしていくことも大きな特徴である．

しんどさを抱える子どもたちは生活の中心である「家庭」「学校」のどちらかの空間で，時に両方の空間で安全安心が脅かされている状況にある．具体的には家庭であれば貧困や虐待などによる課題，学校であればいじめや不登校などによる課題などが挙げられる．そしてこのような家庭や学校の課題は福祉や教育の専門行政機関に情報が集約されているが，行政が持つ直接の支援制度は全く足りておらず，また制度にあてはめないと使えない支援が多い．その結果として行政は子どもたちやその家庭のしんどさを把握しておきながら，見守り支援だけで子どもたちに直接何も手が入っていない状況が数多く存在する．

それに対して地域の民間団体による地域活動は子どもたちの個別事情にあわせてきめ細かなサポートをすることができる．制度や行政区の管轄や年齢など行政では必ずぶつかる限界を気持ちで超えることも可能である．しかし地域の

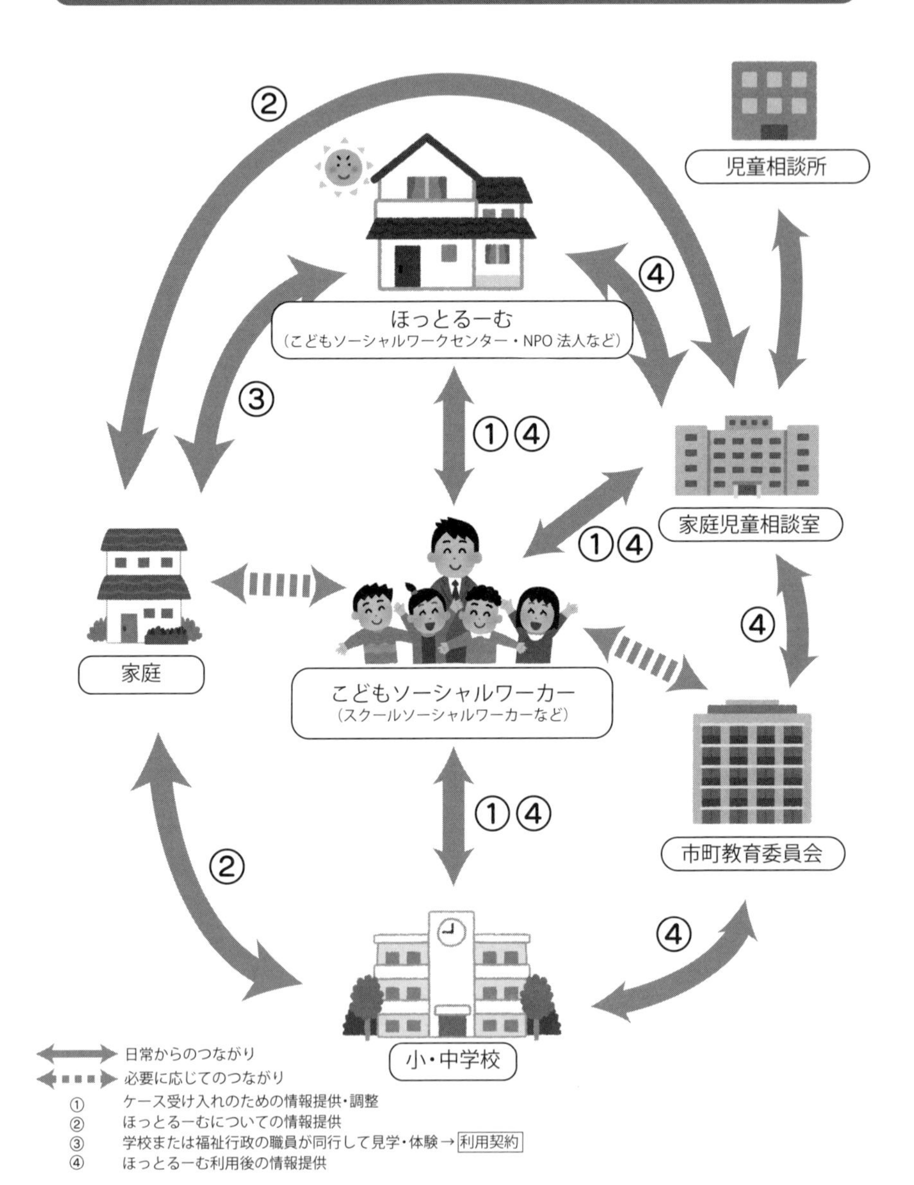

図7－1　子どもと居場所をつなぐ仕組み／COVID-19

出典）こどもソーシャルワークセンター作成（2020）.

民間団体は，子どもたちや家庭の困りごと情報をキャッチすることはまずできない．こどもソーシャルワークセンターの居場所づくりの実践では，このどの地域でもぶつかる大きな課題をセンター内のこどもソーシャルワーカーや学校のスクールソーシャルワーカーや地域のコミュニティソーシャルワーカーなどの力を活用して，必要な子どもたちが居場所活動を使うことのできる仕組み，また居場所活動につながった子どもたちや家庭の様子から逆に行政へ情報伝達していく仕組みを大津市の中で作り出すことができた（図7－1）．

2014年度からは生活困窮者の子どもの学習・生活支援事業として夕刻を支える夜の居場所トワイライトステイ事業を，2019年度からは大津市子ども家庭相談室との協働による日中の居場所事業（不登校・休日・長期休暇）をスタートすることとなった．共に補助金の関係で週に2日程度の活動であったが，2020年のコロナ感染拡大による一斉休校において，要支援家庭の子どもたちを毎日緊急に受け入れたことから週5日の事業となり，2021年度からは二つの事業は大津市独自の子どもの居場所事業（国の支援対象児童等見守り強化事業を活用）として結合され，行政から委託を受けて子どもたちを受け入れるスタイルへと変容していった．

（2）地域のボランティアによる子どもの心地よい環境づくり

こどもソーシャルワークセンターでの居場所づくりの大きな特徴は，一人の子どもの利用は基本的に週1回程度，利用をする時は一度に3名程度としていることが挙げられる．これは子どもと関わる大人が専門職員ではなく，地域のお兄さん・お姉さん，おっちゃん・おばちゃんたちなどがボランティアで関わる時に，ちょうど心地よい環境となるのに適しているからだ．無理なくボランティア活動をするためには，自分の空き時間を活用することになる．それは学生にとっては高校や大学が終わった時間であったり，社会人にとっては仕事が終わる時間である．週に1回程度，習い事に通うようにボランティア活動に参加する．ボランティアを長く続けてもらうために，自分にとって無理がなく，同時に子どもたちに「会いたい」「一緒にいたい」と思えるにはちょうどいい頻度である．

参加する子どもたちや保護者にとってもそれは同じで，毎日通える居場所が

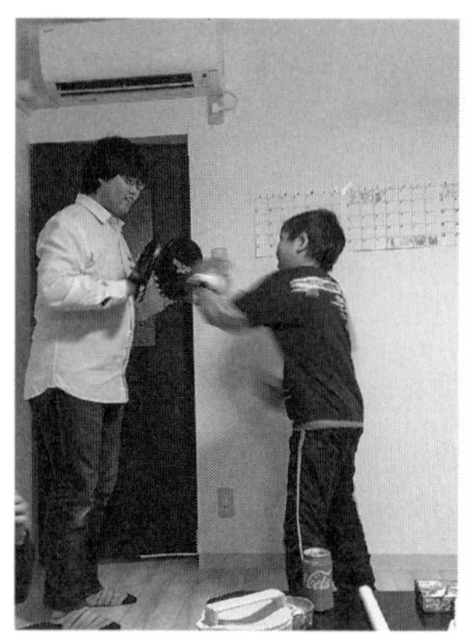

写真7－1　ボランティアと子どもが関わる様子

あればいいのかもしれないが，それはもう生活の一部になってしまう．あくまで生活の基盤は苦しい環境であっても家庭であり，学校であり，地域の居場所はその苦しさを忘れて楽しい時間を過ごす場所であることが大事になる．だからその週に1回の時間を大事に過ごそうとしたり，そこでの出会いを大事にしようと気持ちが生まれる．こどもソーシャルワークセンターは家庭や学校の代わりにはなれない．たまに過ごす安心安全のある憩いの場であり，エネルギーがたまればやがて通過していく場である．

そして多様な大人と出会う場でもある．だからこそボランティアも多様なボランティアが求められる．2021年現在では年間を通して100人を超えるボランティアが登録し，活動を行っている．ボランティアに求められるのは「当たり前の日常」「子どもたちと楽しく過ごすこと」．それは「学力を上げるなど何か成果をあげないといけない」「厳しさや距離感，平等感」が求められる雇用として子どもと関わる専門職員では作れない空気感であり，こどもソーシャルワークセンターの活動はどの活動もその空気であふれている．

（3）まちのおみせなどを巻き込んでの事業展開

こどもソーシャルワークセンターでは，センター以外のまちのなかの様々なつながりを活用して事業を展開している．夕刻を支える夜の居場所トワイライトステイでは，センター内でお風呂をすませることもできるにも関わらず，あえて近所の銭湯にボランティアと子どもで参加している．そうすることで銭湯で地域の人たちとの交流が生まれている．銭湯のお客さんに，はしゃぎすぎて雷を落とされることもあり，同じ人がある日はジュースをごちそうしてくれることもある．湯船につかっていると話しかけてくるご年配の方もいる．ボランティアと違って地域の人たちは必ずしも模範的な大人ばかりではないものの，そのようなつながりが子どもたちにできることの意味は大きい．また銭湯の番

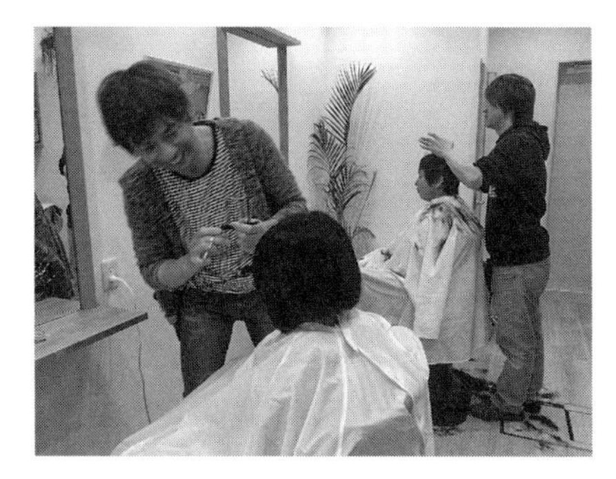
写真7－2　ハピハピカット

頭さんはトワイライトステイで毎週利用する子どもたちの名前や顔を覚えてくれて，センターの大人たちと共に子どもの成長を喜び見守ってくれる存在である．

センターに来ている子どもたちや若者の中には家庭の経済的な事情やひきこもりのため理美容に通えていない者もいる．無造作に伸びた髪や目線を隠すような長い前髪による見た目のために，社会生活を送る上で不利益を被ることも多い．そこでNPO活動に取り組むまちの美容室とともに必要な子ども若者を理美容につなげる活動も行っている．理美容の習慣のない子どもや若者は，最初は声をかけても行きたがらない．しかし回数を重ねるごとに，本人たちからカットをしたいと声をかけてくるようになり，日頃の髪型も気にかけるようになっていく．この活動における大きな特徴は，理美容室には必ずカット料金を支払っていることである．つまり理美容室のボランティア活動でかわいそうな子ども若者の髪をカットしているのではなく，一人のお客さんとして対応してくれている．カットの料金は，日頃から理美容室を利用しているお客さんから寄付していただいたり，こどもソーシャルワークセンターで寄付を募って集めている．その寄付で渡すチャリティーグッズづくりに，この理美容室のカットを利用している子ども若者は参加している．

（4）子どもたちとつくる次への活動づくり

こどもソーシャルワークセンターでは様々な事業が展開されているが，事業を立ち上げて参加者を募るという形ではなく，常に利用している子ども若者に今，何が必要なのかを考えてその必要性から新たな事業が誕生していく．そのような子どもたちの姿から作られる活動は，出発点は個人でありながら同じような活動を必要とする地域の子どもや若者につながっていく．

子どもたちの成長は早く，滋賀に移ってから5年近く経つが，移転当時の小学生がすでに高校生となり，中学生たちは成人を迎えつつある．家庭基盤が安

写真７-３　生きづらさを抱える若者たちによるアウトリーチ事業の様子

定している中で学校に行けなくなっている子どもたちは，タイミングが来ればこどもソーシャルワークセンターを巣立って行く．一方，家庭にしんどさを抱える子どもたちは，家庭という環境は変えることが難しいため，その多くが年を重ねてセンターに残り続けることになっていく．高校を中退したり，何とか卒業しても就職できない若者たちがセンターに増えてきている．

そのような若者たちは就労支援の関係機関につながることも困難であったことから，中間就労事業を新たに立ち上げた．しかし中間就労では作業賃金が若者たちに支払われるものの月に１万円ぐらいにしかならず，それでは社会で自立して生きていくことは困難であることが見えてきた．そこで「引きこもり状態」である彼ら彼女らの得意とする昼夜逆転生活やスマホやゲームを使って，不登校で若者たちと同じように昼夜逆転している中高校生と深夜にネットを通して関わる仕事を新たに作り出した．このようにして作られるモデル事業を制度にしていくソーシャルアクションもまたこどもソーシャルワークセンターならではの活動である．

参考文献

山科醍醐こどものひろば編（2013）『子どもたちとつくる貧困とひとりぼっちのないまち』かもがわ出版．

幸重忠孝・村井琢哉（2018）『まちの子どもソーシャルワーク』かもがわ出版．

幸重忠孝（2020）「コロナ禍における子どもの居場所」『社会福祉研究139号』鉄道弘済会，pp. 39-42.

幸重忠孝（2021）「一人ひとりのための子どもソーシャルワーク」『子ども白書2021』かもがわ出版，pp. 46-49.

（幸重忠孝）

第8章 タウンスペース WAKWAK
(大阪府高槻市)

1．高槻市富田地区における子どもたちの包括支援の仕組み

タウンスペース WAKWAK（以下，WAKWAK）は2012年に大阪府高槻市富田地区に設立された非営利型の一般社団法人である．富田地区は大阪府北部，高槻市域西部に位置し，古くから寺内町として栄えてきた側面と508戸の公営住宅を有し生活困窮世帯やひとり親家庭・高齢世帯等，多くの社会的課題を抱えた側面がある地域である．一方で長年にわたる弱者を支える地域のネットワークづくりに取り組んできた伝統があり，そんな多様な社会資源のネットワークを活かしながら実践を行っていることも特徴である．WAKWAK は，「すべての人に居場所と出番がある社会」「すべての人が SOS を発信でき，互いに支え・支えられる社会」「新しい公共の主体としての自立・参加・協働による地域社会の再生とつながりのある社会」を理念とし，ともすれば社会から孤立させられている人たちに光をあて，「排除ではなく社会的包摂」のまちづくりを目指している．

また，長年の市民運動を背景に生まれた経緯から，地縁組織として子どもから高齢者までを対象にトータルに地域支援を行っていることももう一つの特徴である．近年は地域・家庭・学校・行政・大学・企業等多セクターとの協働により「ただいま～と言える子どもの居場所づくり事業」に力を入れている．具体的には学習支援事業，二つの形態の子ども食堂，コミュニティ・ソーシャルワーク事業をそれぞれに連動しながら行っている．

2.「ただいま～といえる子どもの居場所づくり事業」の取り組み

（1）子どもの居場所づくり事業
――学習支援と二つの子ども食堂――

WAKWAKでは，生活困窮をはじめ様々な課題を持つ子どもたちを対象に学習支援活動や二つの形態の子ども食堂を運営している．まず2014年に生活困窮者自立支援制度を先取りし，生活困窮家庭など様々な課題を持つ子どもたちへの学習支援事業を始めた．そして，2017年に学習支援と並行して「共生食堂」と「ケア付き食堂」の二つの食堂を始めた．湯浅（2017）によると，子ども食堂の形態は「多くの人たちが交わる交流拠点のイメージ」としての共生食堂と「一緒に食卓を囲むことを通じてつくられる信頼関係を基礎に，家族や学校，進路についての子どもの生活課題への対応をめざす」とされるケア付き食堂の二つに分類されるとしているが，当事業では，**表8－1**のようにこの二つの形態の子ども食堂を学習支援と並行して運営し，かつコミュニティ・ソーシャルワーク事業を連動させている．

一方の子ども食堂はケア付き食堂として週に1回行っている．学習支援教室やケア付き食堂には生活保護受給世帯，家庭に様々な背景を抱える小中学生も参加しているが，そのような困難を抱える子どもたちをクローズドの中で支える取り組みである．

もう一方の子ども食堂は共生食堂として年に3回イベント的に行い，地域，家庭，学校，行政，大学，企業というセクターを超えた多職種40団体の協働により実施している．あえて2つの形態の子ども食堂を行っているのは様々なスタートラインにいる子どもたちが参加できる仕組みとするためである．

（2）困難を抱える子どもたちの包摂の仕組み
――本当に来てほしい子どもたちが来られるために――

このような事業をするとき，「本当に来てほしい子どもたち」がなかなか来てくれないんです」という声を視察受け入れや講演の中でよく聞く．そのような来てほしい層が参加できるよう富田地区では独自の仕組みと工夫を行っている．

表8－1　事業概要（2018年度事業）

学習支援わんぴーす
(1)　目的　生活困窮家庭をはじめ様々な課題をもつ子どもたちの学習支援
(2)　期間　4月～3月の毎週2回月・水の午後7時～9時
(3)　場所　高槻市立富田ふれあい文化センター
(4)　対象　高槻市立第四中学校区の中学生（定員10名）
(5)　受講料　12,000円/月　※生活保護受給家庭・ひとり親家庭6,000円/月 ※受講料の支払いが難しい家庭（法人自主事業費対応）
(6)　講師　8名（教職経験者7名，大学生13名計20名でローテーションシフト）
(7)　運営費　受講料・法人自主事業費・企業等からの助成金活用
ただいま食堂（ケア付き食堂）
(1)　目的　クローズドでケースの発見→相談→支援が目的
(2)　期間　4月～3月の毎週1回水の午後5時半～7時
(3)　場所　高槻市立富田ふれあい文化センター
(4)　対象　高槻市立第四中学校区の小中学生および卒業生の高校生も参加（16名登録）
(5)　利用料　小・中学生100円/食・高校生300円/食・大人500円/食 ※事前登録制
(6)　スタッフ　8名（民生委員・社会福祉士・元保育士・大学生で構成）
(7)　運営費　利用料・法人自主事業費・企業等からの助成金活用
わくわく食堂（共生食堂）
(1)　目的　オープンで誰もが参加できる仕組みかつ多様なセクターを巻き込みボトムアップで社会変革を生み出す場
(2)　期間　年2回イベント型で開催
(3)　場所　高槻市立富田ふれあい文化センター・社会福祉法人つながりサニースポット
(4)　対象　興味のある方ならだれでも参加可能　のべ1,060名参加
(5)　食事代　小・中学生100円/食・大人300円/食　※事前登録なし
(6)　スタッフ　小中学生・地域諸団体・大学生等　120名
(7)　連携団体　地域団体・学校・行政・大学・企業など40団体の参画
(8)　運営費　食事代・法人自主事業費・企業等からの助成金活用
コミュニティ・ソーシャルワーク事業
(1)　目的　地域住民の多様な困りごとについての相談・支援を行い地域関連組織，行政・学校等との連携の上で解決を図る．
(2)　期間　月～金の9時～17時
(3)　場所　タウンスペースWAKWAK事務所
(4)　対象　地域住民全般
(5)　相談料　無料
(6)　運営費　法人自主事業として実施

2018年に農林水産省が発表した『子供食堂と地域が連携して進める食育活動事例集』によれば，活動目的として86.5%の子ども食堂が「生活困窮家庭の子どもの居場所づくり」を意識しつつも，実際には42.3%の子ども食堂が来てほしい家庭の子どもや親に来てもらうことが難しいと感じており，子ども食堂の

写真８－１　学習支援

写真８－２　ケア付き食堂

運営に対する主要課題の１位となっている．

いわゆる「来てほしい子どもたち」が参加できるためにどのような仕組みが必要だろうか？　この課題の解決のため WAKWAK では，① スティグマへの配慮，② 専門性を伴った支援者の関わり，③ 伴走型支援による参加促進，④ 広報の工夫，コミュニティ・ソーシャルワーク事業と連携した⑤ 効果的な個人情報の共有を行っている．これらは先に述べたとおり，地域における長年の実践知を生かしながらも今の時代に合わせたノウハウである．

①「スティグマへの配慮」では，２つの子ども食堂を同じ地域で開催することで，生活困窮等はじめ様々な課題を持つ子どもたちからそうでない子どもたちまで，地域に住むすべての子どもたちが参加できる仕組みとしている．このことにより「子ども食堂＝貧困の子どもたちが行く場所」というスティグマが起こらないよう配慮している．

②「専門性を伴った支援者の関わり」では，二つの形態の子ども食堂それぞれの支援者の関わり方を分けて行っている．具体的には共生型の食堂では多職種様々な地域団体や大学生などのボランティアが関われる仕組みとしている．一方，ケア付き食堂においては，「同じ時間に同じ顔の大人が関わる」ことを大切にしている．このことから，関わる支援者は限定し，社会福祉士や保育士，元学校教員，民生委員，学生も将来福祉や教員を目指す学生など一定の専門性をもち，かつ継続して関わるメンバーに固定している．その理由の一つは，時間をかけ子どもたちとの信頼関係をつくるためである．過去に傷ついた経験を

してきた子どもほど心を開くまでには時間がかかる．その信頼関係を築くには一朝一夕にできるものではなく，それ相当の時間が必要だからである．もう一つの理由は，この場が「ケースの発見→相談→支援につなぐ」ことを大切にしているため，関わる支援者の専門性や関わり方の姿勢が問われるからである．この場に関わる支援者の一貫した特徴として「あえて指導をしない」ということを徹底している．ここにくる子どもたちの中には学校や社会で生活指導や言動について注意を受けている子どもたちも参加している．学校や家庭とも違った機能をする地域にある第3の居場所が同じ機能をしてしまうと，子どもたちが行き場を失ってしまう．そのため子どもたちがそのままの姿を見せても注意されず安心して過ごせることを大切にし，そこで垣間見える子どもたちの日々の微細な変化をキャッチし，課題解決につないでいる．

③「伴走型支援」では，地縁を持つ支援者や学校からの双方の働きかけにより「来てほしい子どもたち」を参加につないでいる．当法人の職員やボランティアの中には永年地域の教育活動や福祉活動に携わってきた者が多い．そのことにより，子どもたちの両親のみならず親戚関係との関係性があり，その家庭の背景もつかんでいることが多い．また，法人の事務所そのものが地域の多くの人たちが日々立ち寄れる場であり，様々な相談の拠点となっていることも特徴だ．その地縁と拠点の強みを活かし，地域で活動をする中で気になる子どもたちの情報を得た際に地縁のある支援者から声掛けをし参加につないでいる．これまでの永年の実践の積み重ねが支援に活きている．また，幸いにも永年の学校との連携から様々な背景を抱え，気になる子どもたちへ学校の教員が働きかけを行う．学校の教員は日々の子どもたちの様子のみならず，その家庭の経済状況，家庭背景などをつかんでいることも多く，データとしても持っている．その教員が子どもたちに伴走して共に参加をしてくれることで子どもたちが安心して定着するようつないでいる．この地縁のある支援者，学校との連携による双方からの働きかけにより「来てほしい子」を参加につないでいる．

④「広報」においても工夫している．共生食堂や学習支援の広報のためのチラシは，学校の協力を得て中学校区の全児童に配布している．一方，ケア付き食堂については，あえて法人や学校関係者のみに配布している．それは，広く広報を行った際にこういう取り組みが大切だと感じる「アンテナが高い層」が

参加し，そもそも「情報が届きにくい層」=「本当は支援が必要だけれど届きにくい層」が参加できなくなるためだ．したがって，ケア付き食堂においては意図的に広く広報せず，先に述べた伴走型支援により，地縁のある支援者，学校の双方からの積極的な働きかけを行い参加につないでいる．

また，コミュニティ・ソーシャルワーク事業と連携し⑤「効果的な個人情報の共有」を図ることで多職種の連携による包括的な総合支援につないでいる．

（3）包括的な総合支援体制づくり

学習支援教室やケア付き食堂においてはWAKWAKのコミュニティ・ソーシャルワーク事業とも連動させ，効果的な個人情報の共有を図りながら多職種の連携により家庭に様々な背景を抱える小中学生を支援している．

近年，厚生労働省により「地域共生社会」の実現が掲げられた背景の一つとして，複合的な課題を抱える人・世帯への対応に限界が生じているという地域社会の課題が浮き彫りとなっている．この取り組みはそれらの課題の解決に資するための一実践の提案でもある．この事業では，**表8－2**で示すように，およそ2カ月に1回定期的に当該小中学校と連携会議を行っている．そこでは子どもたちの日々の様子や学力状況，生活上の困りごとに至るまでかなり個人情報に踏み込み共有する．また，関わる子どもの中には，ひとり親家庭でかつ生活保護受給家庭，虐待のケースを抱えるというようないわゆる複合的な課題を抱える世帯もある．その際に，公的支援の縦割りである学校だけ，公的機関だけ，地域だけの点の関わりでは解決が難しい状況がある．そのため，そのような世帯の課題解決に向けて学校・地域・公的機関という様々な機関がケースカンファレンスを通して一堂に会し，世帯丸ごとの支援につなぐことで包括的な相談支援体制を構築している．もちろん，そこには個人情報保護の課題があることから，法人で個人情報保護規定を定め，かつ事業参加にあたって保護者，受講者の面談を行い，個人情報の共有についての説明をし，保護者から個人情報共有の承諾書を提出いただいている．また，親子面談も行い，保護者が子育てにおいて困っていることやお子さんの状況に至るまでをお聞きしている．そのことで個別の子どもたちの状況や背景を把握した上で支援にあたっている．

表8-2　連携会議やケースカンファレンスの関連機関との協働

	開催時期	協働団体等
連携会議	2カ月に1回の定期開催	•高槻市立第四中学校・赤大路小学校・富田小学校 •高槻市立富田青少年交流センター（青少年施設） •一般社団法人タウンスペースWAKWAK
ケースカンファレンス	必要に応じて随時開催	上記の組織に加え，困りごとの発生や虐待等必要に応じて家庭をまるごと支援するため関係機関と協働 •高槻市地域教育青少年課（社会教育），生活福祉支援課，高槻市社会福祉協議会，スクールソーシャルワーカー，高槻市立富田ふれあい文化センター，同富田青少年交流センター，高槻市子育て総合支援センター，大阪府吹田子ども家庭支援センターなど

（4）地域社会全体にうねりを起こす共生食堂
——コレクティブ・インパクト（セクターを越えた多職種連携）——

一方，共生食堂として年におよそ3回イベント的に行っている子ども食堂は地域，家庭，学校，行政，大学，企業というセクターを越えた多職種の協働により実施している．

その協働の発想の元には「コレクティブ・インパクト」という考えがある．コレクティブ・インパクトとは，立場の異なる組織（行政，企業，NPO，財団，有志団体など）が，組織の壁を越えてお互いの強みを出し合い社会的課題の解決を目指すアプローチのことを言う．コレクティブ・インパクトで成果を出すためには，以下の5つの要素を満たすことが重要だと紹介されている．

1．共通のアジェンダ：すべての参加者がビジョンを共有していること．
2．評価システムの共有：取り組み全体と主体個々の取り組みを評価するシステムを共有していること．
3．活動をお互いに補強しあう：各自強みを生かすことで，活動を補完し合い，連動できていること．
4．継続的なコミュニケーション
5．活動を支える組織：活動全体をサポートする専任のチームがあること．

WAKWAKは協働する誰もがわかりやすい言葉「ひとりぼっちのいないまちづくり」（社会的包摂）を「1．共通のアジェンダ」としている．そして，**表8-3**で示すように地域，家庭，学校，行政，大学，企業など分野の違う多様

表8-3　共生食堂の際の協働先　WAKWAK が協働のつなぎ役として実施

セクター	協働団体等
○地域	地元自治会，民生委員児童委員，高槻市社会福祉協議会，社会福祉法人つながり，ボランティアグループひまわり，元富田保育所保育士ボランティアグループ，風の子文庫，トライアングル
○NPO	認定NPO法人ふーどばんくOSAKA，NPO法人つむぎの家，NPO法人ニュースタート事務局関西，NPO法人全国子ども食堂支援センター・むすびえ，東京おもちゃ美術館
○大学	大阪人間科学大学，平安女学院大学，関西大学，常磐会短期大学，桃山学院大学，大阪大学大学院人間科学研究科，同研究科付属未来共創センター
○行政	高槻市立富田ふれあい文化センター
○企業	サンスター株式会社，阪急阪神ホールディングス株式会社，大阪ガス株式会社，TOA株式会社，丸大食品株式会社，高槻地区人権推進員企業連絡会，吉本興業株式会社
○学校	高槻市立第四中学校・赤大路小学校・富田小学校 公教育の総合学習の時間に地域の様々な人から聞き取りを行い，子どもたち自らが「まちの温度計をあげる」取り組みとして，地域に参画（社会参画）．その授業の実践発表や食堂当日の運営や司会を行う．

なセクターが各自の強みを生かしている．具体的な取り組みとしては，地域ボランティアグループ「ひまわり」の調理への参画や元保育士による親子対象の子育て講座「よちよちコーナー」の運営，企業との連携においては，高槻地区人権推進員企業連絡会の協賛，阪急阪神ホールディングスグループによる協力，大阪ガス株式会社による「火育プログラム」，音響メーカーTOA株式会社による人形劇「カンカン塔の見張り番」などの参画，子ども貧困の課題となっている口腔破壊の予防としてサンスター株式会社より歯ブラシの無償提供ならびに歯科衛生士の歯磨き指導を行った．協賛品として認定NPO法人ふーどばんくOSAKAや公益財団法人熊西地域振興財団からのお菓子の提供もあった．

また，富田地区の実践では地元の小・中学校の児童・生徒が社会参画の授業の一環として事業に参画していることも大きな特徴である．富田地区にある3校（高槻市立富田小学校，赤大路小学校，第四中学校）は，平成22年度から平成25年度の間，文部科学省の「研究開発学校」と高槻市教育委員会の「小中一貫教育推進モデル校」のダブル指定を受け「社会参画力」をキーワードにして新領域「いまとみらい科」の研究開発に取り組んできた．社会参画の授業では，「まちの温度計をあげよう」をキーワードにして，中学生が小学生や就学前の子ども

写真８-３　共生食堂

たちのための遊びスペースである魚釣りゲームや読み聞かせの実施などの発案から実践，舞台での司会や吹奏楽部の演奏，広報においては，わくわく食堂のちらしを作成し小学校等で児童を前に呼びかけ，当日の看板を作成するなど運営の一端を担っている．また，小学生の参画では，就学前の子どもたちが遊ぶための昔遊びコーナーの運営や社会参画の授業「いまとみらい」の取り組みの発表など地域社会に発信する役割も担っている．このようにこの取り組みでは，子どもたちが支援される側としてではなく社会を変える主体となって社会に発信していくことも積極的に行われている．

この事業は年々進化し，今後は丸大食品株式会社，NPO 法人全国子ども食堂支援センター・むすびえや吉本興業株式会社，東京おもちゃ美術館，大阪大学大学院人間科学研究科，同研究科付属未来共創センターとの協働も予定されている．

これらの取り組みのしかけは，まちに様々な社会資源があってもつなぎ役や活動を支える組織がなければ有機的につながらないことから，WAKWAK が協働を生み出すつなぎ役として携わり，地元自治会をはじめ民生委員やボランティア団体，社会福祉協議会などの地域組織や NPO，近隣の大学の研究者や大学生の参画，地元の企業からの協賛を得て実施してきた．このように40団体を超える多職種それぞれのセクターが，「ひとりぼっちのいないまち」をゴールに据え参画することで，社会全体の子どもの貧困に対する理解の促進や地域社会全体の変化につなげている．

3．居場所を持続可能なものにするための財源

（1）持続可能性を握る組織運営と財政の課題

これらの事業はどのような組織運営の下で支えられているのだろうか？

昨今爆発的に数を増やしている子ども食堂は，地域支援においても重要な場の一つとして注目される一方，その継続性も課題となっている．近年，日本全国で学習支援や子ども食堂などを行うNPOの調査結果によれば，財源，人の体制が課題となり閉鎖せざるを得なくなった子ども食堂も残念ながらある．

この状況をバックアップするため行政機関による子ども食堂への補助金交付などが少しずつ始まりつつあるものの，全国に広がる民間の子ども食堂発足の流れに対し，制度は全くもって追いついていない．また，学習支援や子ども食堂など子どもの居場所づくり事業を行うNPOの中には，ぜい弱な財政基盤を安定化させるため，行政からの支援に頼る傾向もある．筆者はこれら困窮者支援は公的支援で行う必要があると考えているため，行政支援に頼ることに異論はない．しかしながら，それは一方で協働という名の行政からの下請け化，つまり委託元の仕様書・費用対効果，かけた費用に対する参加人数に縛られるという矛盾も，同時にはらんでいる．委託元の制約に縛られるあまり，費用対効果の尺度では測りきれない制度の狭間に陥る子どもたちに支援が行き届かないというジレンマに陥ることがある．また，行政からの支援は政治状況が一変し，首長が変わると施策の転換が図られ，一気に事業運営が滞ってしまうリスクを常に持ち合わせている．現に，日本各地で行政からの受託によって学習支援事業を運営していたNPOにおいて，一般競争入札の導入による選定先の変更に伴い前年度3月31日まで実施できていた事業が翌年度の4月1日を迎えた時点で滞ってしまった事態が起こっている．

（2）WAKWAKの挑戦

この状況に対しWAKWAKでは，子どもの居場所づくり事業を始めとする社会貢献事業を支える収益事業を創設することで，行政の受託に頼らない法人を確立してきた．2012年の法人設立当初は総事業費約800万円，財源は助成金

中心かつ，事業は社会貢献事業中心の法人であった．そこから2016年の組織変革の際に，持続可能性を追求するため「助成金中心の財政基盤」から「事業収入，寄付金収入中心の財政基盤」への方針転換を図った．その方針に伴い，① 企業会計（複式簿記経理）の導入，② 収益事業の立ち上げ，③ 事務受託団体の開拓，④ 寄付金を得る仕組みづくりを行った．

その結果，2018年度の法人決算では，総事業費約1700万円，純利益約300万円，収入比率の内訳は会費収入3％・寄付金10％・助成金30％・自主事業収入53％となり，うち行政からの受託は1.7％にとどめた．そのことにより行政等他組織を介さずに組織独自の意思決定を行い，社会課題の解決に柔軟かつスピーディに対応できる組織へと変革した．

4．「新型コロナ禍緊急支援プロジェクト」

（1）新型コロナ禍における子ども食堂の状況

「子ども食堂9割休止，半数は食糧配布に移行」

これは，昨今爆発的な増加を見せ子どもの居場所の一つとして注目されている子ども食堂の新型コロナ禍の現状である．NPO法人全国子ども食堂支援センター・むすびえ（理事長 湯浅誠氏）によれば，2020年4月に全国調査したところ，回答した231カ所の9割に当たる208カ所が食堂を休止し，うち約半数の107カ所は弁当や食材の配布・宅配に切り替えていることが分かった．

同調査では，「子ども食堂での困りごと」の第1位として「会場が使用できない」があがっており，「いま，必要な支援」として「配布・開催の会場」に続き「困窮者，子育て世帯などへの支援」「心のケア，相談できる場所」が上がっている．そこから，新型コロナウイルスの拡大により日々子どもたちが集まる居場所が失われ，それと同時に，「生活困難層」も増加する中でまったなしの支援の必要性が浮かび上がっていた．

WAKWAKには，そのような状況下で日々子どもたち，家庭や学校，関係機関から電話や事務所への直接の相談，LINEやメールなど様々な媒体を通して数多くのSOSが入ってきていた．そのような状況下，これまでの実践を通して培ってきた多セクターとの連携の中で「新型コロナ禍子どもの居場所緊急支援プロジェクト」を立ち上げ実施することとなった.

（2）新型コロナ禍に起こる様々な課題

WAKWAK では，2019年度の新型コロナウイルスの流行の影響を受け，下半期事業はいずれも中止せざるを得ない状況が続いていた．また，事業の受講料の減収，このような事業を支えるための収益事業の柱の一つである講師派遣・視察の受け入れ事業も軒並み中止となり，法人本体の財政面でも大きなダメージを受けた.

事業の実施ができないことにより，①「変わらずにあり続けること」を最も大切にしている子どもたちの居場所がストップし，支援が止まってしまうこと，② 法人本体への財政面でのダメージによる居場所づくりの運営の危機のダブルパンチが起こっていた．このような事態は，日本各地の数多くの NPO にも同様に生じていた.

WAKWAK は，子どもたちの課題を発見し，地域と学校が連携して解決する活動を日々行ってきたが，新型コロナ禍で学校は休校，子ども食堂などの居場所もストップし，日々の子どもたちの直接の様子からケースを発見することがそもそも困難に陥った．これらのことは，学校や地域の子ども食堂などの社会資源がいかに子どもたちにとってのセーフティネットの役割を果たしているのかということを改めて教えられる出来事でもあった.

新型コロナ禍で，接触が自粛される中，それまでの事業を通して「顔の見える関係性」があったことから，日々子どもたち，家庭や学校，関係機関から電話や事務所への直接の相談，LINE やメールなど様々な媒体を通して数多くの SOS が入ってきていた.

「1日の食事を一食以下で過ごしている状況」「生活リズムが昼夜逆転となっている状況」「国による制度（定額給付金や持続化給付金等）の申請の仕方が分からずに困っている状況」「そもそもパソコンが使えないので申請ができない状況」「虐待が深刻化している状況」「家に居場所がなく家出してしまっている状況」など，社会的不利を抱える人たち（子どもたち）ほどより顕著に深刻化する状況が生まれていた.

「災害時には，社会的不利を抱える人たちほど孤立化，より深刻化する」という2018年の大阪北部地震後の災害支援から学んだことの教訓と同様のことが今回の新型コロナ禍でも起こっていた．

「Stay Home」が口々に言われ，企業ではテレワークが実施される中，「困っている人をさらに困らせるわけにはいかない」と地域のセーフティネットの拠点として「SOSを見捨てない」という法人の姿勢を貫くため，事務所にはスタッフが常駐しその対応にあたった．

（3）「食・学び・心のケア・制度への伴走型支援」を一体的に実施

そのような状況下で緊急支援プロジェクトを構想し，以下のプロジェクトをスタートした．

① 食の支援：フードパントリー型富田ただいま食堂の開催

毎週水曜日に高槻市立富田ふれあい文化センターを会場に行っていた「ただいま食堂」．会場が閉館となったため地元のカフェ「Msカフェ」によるお弁当・同じく地元のパン屋「花パン」による食パンを弁当配付型で実施．ここでは，「週に1度ご飯をつくらずゆっくりと過ごす時間を提供できれば」という思いとパンも配布することで「1日1食の状況の子どもたちが次の日の朝食や昼食に食べられるように」という思いを込めた．食材提供においては，ふーどばんくOSAKA，ダイエーのフードドライブ，丸大食品(株)の食材提供，個人の方からの食材提供などたくさんのご支援をいただいている．

② 学びの支援：オンライン学習支援わんぴーすの開催

同じく毎週月・水で行ってきた学習支援については，学校教員のOB/OG，大学生を講師にオンライン（ZOOM）対面授業を実施．コロナ禍の家庭教育力の差が学力の著しい格差につながらないよう，オンラインでの対面により勉強のつまずきを確認しながら個別マンツーマン体制で支援した．また，併せて事務所を媒介に日々の学びの積み重ねをするために，週3で学習プリントの添削を実施した．

③ 制度への伴走支援・心のケア

地域の団体と協働し，特別定額給付金等制度の申請手続きが困難である要援護家庭への伴走型支援をするため，200世帯にルビ付きのちらしとマスクを配布し，手続きの支援を行った．これは，「制度が最も必要な人に最も届かない状況が生まれる可能性がある」というこれまでの経験をもとに実施した．

④ 緊急時生活支援

こちらは当初の予定にはなかったものの，近隣の高校やふーどばんくOSAKA等から緊急性の高いケースが入っており，その声に応える形で緊急時生活支援として随時，弁当や食品の提供を行った．

これらの事業は当初2020年5月から6月末までを予定していた．しかし実践を行う中，「今日をしのぐための食事がない」という切実な状況や新型コロナウイルスの収束が見通せない中で，2021年度内も実施することを決めた．「この状況下で何ができるのか？」新型コロナ禍の中で日々試行錯誤を行いながら走りながら考え実践している．

参考文献

John Kania, Mark Kramaer (2011) "Collective Impact," *SSIR* (*Stanford Social Innovation Review*).

池田寛・中野陸夫・中尾健次・森実（2000）『人権教育をひらく同和教育への招待』解放出版社．

岡本工介（2019）「大阪府高槻市富田地区における包摂型のまちづくり――子ども食堂をはじめとする子どもの居場所づくり事業を中心に――」『関西大学人権問題研究室紀要』77号，pp. 85-103.

岡本工介（2020）「コミュニティ・オーガナイジングによる社会変革の共創――高槻富田地区子どもの居場所づくりの取り組み――」『部落解放研究』213号，部落解放・人権研究所．

白波瀬達也（2017）『貧困と地域』中央公論新社（中公新書）．

富田の部落史編集委員会（1999）『北摂の炎　未来へ――高槻富田の部落史』解放出版社．

日本学術会議社会学委員会社会福祉学分科会（2018）『社会的つながりが弱い人への支援のあり方について――社会福祉学の視点から――』．

農林水産省（2018）『子供食堂と地域が連携して進める食育活動事例集～地域との連携で食育の環が広がっています～』．

藤田晃之（2015）『ゼロからはじめる小中一貫キャリア教育――大阪府高槻市立第四中学校区「ゆめみらい学園」の軌跡』実業之日本社．

湯浅誠（2017）『「なんとかする」子どもの貧困』角川書店（角川新書）．

（岡本工介）

終　章

「ケア」が息づく地域づくり

1．今，なぜ「地域づくり」なのか？

（1）「無縁社会」の衝撃

もう10年以上も前の2010年，NHK が「無縁社会――“無縁死” 3万2千人の衝撃」と題する，文字どおり衝撃的なスペシャル番組を放映した．「ごく当たり前の生活をしていた人がひとつ，またひとつと，社会とのつながりを失い，ひとり孤独に生きて亡くなっていた」（NHK「無縁社会プロジェクト」取材班 2010：2）……このような死を，本番組では「無縁死」と名づけ，実際に無縁死に至った方々の，それぞれの人生を丹念に取材している．「人間は，そもそも一人で生まれてきて，一人で死んでいくもの」という些かクールな立場に立てば，そのような死に方は何も特別なことではないし，場合によっては幸せだと捉えられるかもしれない．しかし NHK の取材班によれば，先の番組の放送直後から，「無縁社会，他人事でないなぁ」「無縁死予備軍だな」「行く末のわが身に震えました……」といったような，3～40歳代の視聴者の書き込みがインターネット上に相次いだという（同：212-213）．何かと煩わしい日々の人間関係を捨て去り，あえて無縁であることを選択してきたかに見えた比較的若い世代にも，このような「縁＝つながり」の喪失に対する漠然とした不安感が募っていたのである．

以上のような無縁社会の状況は，この NHK の番組放送から10年以上が経った今も何ら変わっていない，というよりもむしろ，さらに進行し，深刻化してきているように思われる．特に2020年初頭から始まった新型コロナウィルスの感染拡大は，人々が直接出会うことに大きな制限を課したため，そのような状況に拍車をかけていると考えてよいだろう．事実，2021年２月には，内閣官房に「孤独・孤立対策担当室」が設置され，孤独や孤立に悩み苦しむ人々を支えるための施策が展開されつつある．つまり孤独や孤立の問題が，国の重大な政策課題の一つとして認識されるまでに至っているのである．

（2）「コミュニティ形成」としての地域づくり

筆者はこれまで，学校外の多様な教育活動を対象とする社会教育の研究を進めてきたが，この分野においても，例えば一人暮らしの高齢者の問題や育児に不安や困難を抱える保護者の問題等，上記のような無縁社会を背景とする人々の社会的孤立に起因した様々な問題が，その重要なテーマとして取り上げられてきている．そしてそれらの問題の解決のために，地域社会における「人と人のつながり」の重要性が指摘され，「まちづくり」や「地域づくり」に関する実践・研究にも強い関心が寄せられてきた．社会教育に建物や道路等の建造物（ハード面）をつくる力はないが，人と人のつながり，つまり人間関係（ソフト面）を豊かにするための契機をつくり出す力はある．社会教育における地域づくりとは，近隣地域にこのような「人と人のつながり」を構築し，人々がそのつながりの中で学びあうことを促すとともに，孤独や孤立に苦悩する人々を少しでも減らすことで，無縁社会がもたらしてきた様々な問題の解決をも志向する重要な取り組みなのである．

そこで本章では，以上のような地域づくりの意義について，改めて「社会教育」や「教育」といった狭い領域にとどまらない多様な角度から考察を加えてみたい．その際，特にキーワードとして取り上げたいのが「コミュニティ」という語である．周知のように，この「コミュニティ」という言葉はきわめて多義的であるが，例えば広井良典は，その著書『コミュニティを問いなおす』の冒頭で「コミュニティ」の定義について次のように述べている．

> 「コミュニティ＝人間が，それに対して何らかの帰属意識をもち，かつその構成メンバーの間に一定の連帯ないし相互扶助（支え合い）の意識が働いているような集団」（広井 2009：11）

広井は，この定義を「暫定的なもの」としているが，ここにはコミュニティの特質の最も重要な部分――すなわち「連帯ないし相互扶助（支え合い）の意識が働いているような集団」――が表現されていると考えられる．本書全体の，また本章のテーマでもある地域づくりとは，まさにこのようなコミュニティを近隣地域の中につくり出していくことに他ならない．したがって，ここでは地域づくりを，近隣地域における「コミュニティ形成」と捉え，このようなコミュニティ形成の意義やそのあり方について検討を加えたい．

2．コミュニティ形成の理論的基盤
――ソーシャル・キャピタル研究――

人と人をつなぎコミュニティを形成することの意義について，様々な実証的研究を積み重ね，理論構築に努めてきたのがソーシャル・キャピタル研究という分野である．ここではまず，コミュニティ形成の理論的基盤となる本分野の研究内容を概観するとともに，その意味について考えてみたい．

（1）一人でボウリングをする

ソーシャル・キャピタル研究の第一人者とされるアメリカの政治学者ロバート・パットナム（Robert David Putnam）は，すでに1990年代の半ば，「一人でボウリングをする（Bowling Alone）」という論文の中で，1960年代以降，アメリカ社会においても人々の社会的な結びつきが弱まり，市民社会の活気が失われてきたと述べている（Putnam 1995＝邦訳 2004：55-76）．この論文のタイトルが象徴しているのは，多くのアメリカ人がかつては「クラブ」に入ってグループでボウリングをしていたのに，近年は一人で孤独にボウリングをする人が増えてきたということである（ちなみに1980年から1993年の間に，アメリカのボウリング人口は10％増加したが，クラブに加入してボウリングをする人は40％も減少したという）．つまり，ビールやピザを片手にいろんな会話を交わしながら，ボウリングを通じて社会的な交流を図る――そんな行動をとる人々が，かなりの割合で減ってしまったということである．ボウリングなどというと些細なことに思われるかもしれないが，パットナムによると，1993年の１年間で少なくとも１回ボウリングに行ったアメリカ人は約8000万人であり，この数字は1994年の連邦議会議員選挙の投票者数を優に上回っていた（およそ1.3倍）らしい（同：64）．冒頭に述べたような無縁社会の問題は，決して日本だけの問題ではないのである．

（2）「ソーシャル・キャピタル」の概念

さて，パットナムがこのような研究を行う際に準拠したのが，先に示した「ソーシャル・キャピタル（social capital）」という概念である．直訳すると「社会資本」となるが，ふつう社会資本といえば，道路や港湾，住宅や上下水道などの都市基盤，すなわち社会的なインフラストラクチュアのことが思い浮かぶだろう．しかし実を言うと，この概念はそのようなハードな「モノ」ではなく，人間社会が織りなすソフトな「関係」のことを指している．「資本」だけに，何がしか形のあるものを想像しがちだが，この概念には，人間関係のネットワーク（人と人のつながり）や，それが育む信頼，「互酬性」の規範（「お互いさま」の考え方）などの，どちらかといえば目に見える形では捉えにくいものが含まれている（したがって「社会関係資本」という訳語が使われることも多い）．

もともとこの概念は，20世紀初頭，アメリカの哲学者・教育学者であるジョン・デューイ（John Dewey）が，研究の世界で使い始めたとされているが（稲葉 2011：16），その後は教育界（教育学）のみならず，政治学や経済学，社会学や都市計画などの多様な分野で重要なテーマの一つに数えられるとともに，アメリカ以外の国々やOECD，世界銀行などの国際機関における政策論議のキーワードにもなっている．ちなみに日本においても，内閣府が2002年よりソーシャル・キャピタルに関する調査研究プロジェクトを開始し，以後も継続的に実施しているほか（内閣府国民生活局市民活動促進課 2003；内閣府経済社会総合研究所 2005；滋賀大学・内閣府経済社会総合研究所 2016），厚生労働省が「地域の健康づくり」との関連でソーシャル・キャピタルの重要性に注目している（厚生労働省・地域保健対策におけるソーシャルキャピタルの活用のあり方に関する研究班 2015a・2015b）．

（3）パットナムの研究とその意義

それにしても，以上のようないまひとつ掴みどころのない概念が，なぜこれほどまでに注目を浴びてきたのだろうか．

パットナムによれば，このようなソーシャル・キャピタルの蓄積が，人々の自発的な協力を促し，経済面や社会面での様々な成果を生み出すのだという．信頼感や共通の規範に裏打ちされた人々のつながりが，経済発展や教育・福祉の向上，近隣の治安の向上や健康・幸福感の増進をもたらし，ひいては民主主義というものを実質的に機能させていくというのである（Putnam 1993＝邦訳 2001）．かつて1960年代には，国家発展のために教育への投資が叫ばれ，投資の対象である個々の人間を「資本」と捉える「ヒューマン・キャピタル（人的資本）」研究が一世を風靡した（当時この研究で指導的な役割を果たした経済学者たちが，のちにノーベル賞を受賞している）．つまり，このヒューマン・キャピタル論が教育投資による「個人の力」の成長を重視しているのに対して，近年のソーシャル・キャピタル論は，いわば「人々のつながりの力」の成長に注目しているのである．

イタリアやアメリカにおける調査研究に基づいて，パットナムは，例えば次のような興味深い指摘も行っている（Putnam 1993＝邦訳 2001；Putnam 2000＝邦訳 2006）．まず，ソーシャル・キャピタルには組織内部の同質的なネットワークを基盤とする「結合型（ボンディング）」と，異なる組織間の異質な人々によるネットワークを基盤とする「橋渡し型（ブリッジング）」の二つがあるが，特に前者の結合型が内向きで閉鎖的になった場合には排他的となり，経済パフォーマンスの悪化や社会参加の遮断，コミュニティ内部の対立などを招く可能性があるという（Putnam 2000＝邦訳 2006：19-21）．これは日本における「ムラ社会」の問題点を考えるうえでも重要な指摘である．「つながり」は，下手をすると「しがらみ」にもなり，人々を抑圧・排除したり癒着を生み出したりする元凶ともなる諸刃の剣なのだ．

またソーシャル・キャピタルは一朝一夕に蓄積されるようなものではなく，長い歴史のなかで培われるものであって，イタリアにおける南北間の差異などは，中世からの千年にわたる歴史が大きく影響しているという（Putnam 1993＝邦訳 2001：145-199）．さらにソーシャル・キャピタルの形成には，メンバー同士が直接顔を合わせて接触・交流すること，つまり対面でのコミュニケーションが重要だという指摘も興味深い．IT ネットワークも重要だが，それはあくまでも顔を合わせて行うコミュニケーションの補完物ではないかという．現に IT ネットワークによるコミュニケーションにおいては，不正な表出や誤解も生まれやすく，ごまかしや裏切り，非難が横行する（近年はやりの「フレーミング（炎上）」現象は，その象徴かもしれない）.「信頼」や「互酬性の規範」を構成要素とするソーシャル・キャピタルの醸成においては，このようなITネットワーク上のごまかしや裏切り，非難は，その妨げにしかならないのである（Putnam 2000＝邦訳 2006：209-218）.

以上，パットナムの議論を中心としながらソーシャル・キャピタル研究を概観してきた. これらの内容をみてくると，本章がテーマとする「人々をつなぐコミュニティの形成＝地域づくり」が，国際的にみても，きわめて現代的な意義を持つ重要な取り組みであることに，改めて気づかされる. と同時にこれらの研究は，人と人のつながりが決して万能ではなく，ダークな側面も持ち合わせていることに目を向けさせてくれるという点で，たいへん示唆に富んでいる.

3.「ケア」とコミュニティ

次に「ケア」という観点からコミュニティ形成の意義について考えてみよう. 本節では，まずケアの概念について検討したうえで，近年特に福祉の分野で注目されてきた「ケアリングコミュニティ」の視点を概観するとともに，そのような視点から，地域で多彩な活動を展開してきた，長野県茅野市の事例について考察を加えてみたい.

(1)「ケア」とは何か？

『ケアとは何か』と題する著書の冒頭で，村上靖彦は，看護の理論家であるジョイス・トラベルビー（Joyce Travelbee）の次のような文章を引用している（村上 2021：2）.

> 病むことは孤独であるということであり，自分の孤独の中核にあるものを和らげられないこと，あるいは，他の人に伝えることさえできないことである（Travelbee 1966＝邦訳 1974：122-123）.

ケアとは，一般に「苦しんでいる人の苦痛を緩和したり，生活に困難を抱えた人の身の回りの世話をすること」と捉えられることが多い. しかし，村上が自身の研究の中で出会ってきた様々な援助職の方々から教わったのは，このようなケアの捉え方とはかなり異質なものであった……すなわちケアのゴールとは「患者や苦境の当事者が自分の力を発揮しながら生き抜き，自らを表現し，自らの願いに沿って行為すること」であるという．自分の力を発揮したり，自らを表現するためには，それを受け止める他者の存在が不可欠である．誰かとつながって初めて，孤立した状況の中で委縮していた本来の力が発揮できるようになる．つまりケアとは，孤独の中にある「病む人」とつながり「共にある」という営みであり，「コミュニケーションを絶やさない努力」なのだ．さらに村上は「患者や当事者を周りの人とつなぎなおすこと」もまたケアの役割だという．例えば，家族との間に深刻な亀裂を生じさせていた患者が，看取りのケアにおいてその関係を修復していくといった事例は，そのようなケアの役割を象徴的に示していると言える（村上 2021：2-4）．

以上，村上の所論に即してケアの概念を検討してきたが，その内容から明らかなのは，「人と人がつながる」ことの重要性である．ケアという行為の本質が「つながり共にあること」なのだとすれば，本章がテーマとしてきた「人と人のつながり＝コミュニティ」の形成は，それ自体がケアの要素を多分に含み込んでいると捉えることができるだろう．

（2）「ケアリングコミュニティ」の視点

本節冒頭でも述べたとおり，近年，社会福祉の領域で注目されるようになってきたのが，「ケアリングコミュニティ」の視点である．原田正樹は，地域福祉計画の可能性を検討した論文の中で，このケアリングコミュニティの定義を以下のように述べている．

> ケアリングコミュニティとは，「共に生き，相互に支え合うことができる地域」のことである．筆者はそれを地域福祉の基盤づくりであると考えている．そのためには，共に生きるという価値を大切にし，実際に地域で相互に支え合うという行為が営まれ，必要なシステムが構築されていかなければならない（原田 2014：100）．

これはまさに，先の村上のいうケアという行為の本質に依拠した地域のあり方を指しているが，この定義のポイントは，まず「相互に支え合う」という点にあると思われる．つまり「支える―支えられる」という関係が一方向に固定しないということである．「ある時は支え，またある時は支えられる」あるいは「支えていると思っていたが，実は支えられていた」…このような双方向的なケアの関係性が，ケアリングコミュニティを構築するための重要な基盤となる．さらに，もう一つのポイントは「必要なシステムが構築されている」ことである．この「必要なシステム」とは，住民同士の双方向的なケアの関係性を持続可能なものとするための制度や政策と言い換えてもよいだろう．決してすべてを住民同士の自助努力に任せるということではないのである．

以上の定義を踏まえ，原田は，ケアリングコミュニティの構成要素を「① ケアの当事者性（エンパワーメント），② 地域自立生活支援（トータルケアシステム），③ 参加・協働（ローカルガバナンス），④ 共生社会のケア制度・政策（ソーシャルインクルージョン），⑤ 地域経営（ローカルマネジメント）」の5点に整理している（原田 2014：100）．いずれも重要な観点であるため，今しばらく原田の所論に沿いながら，その内容について検討してみたい（同：90-95及び100-102）．

まず①で「エンパワーメント」される（力をつける）のは，ケアされる者だけではない．ケアする者もまた当事者として，ケアされる者との関係の中で力をつけていく．その意味では，すべての地域住民が当事者なのだが，ここではこのような当事者意識を，「福祉を学び合う機会（福祉教育）」を通して住民の中に育むことが重視されている．

また②において構想されているのは，激増する高齢者層を対象とする「地域包括ケアシステム」とは異なり，全世代のすべての地域住民に対して，生活支援を総合的に展開するシステムである．この「トータルケアシステム」においては，専門機関・専門職による支援だけでなく，上で述べてきたような「住民同士の支え合い」もまた，そのシステムの重要な構成要素とみなされる．

次に③では，地域住民が主体的に行政施策の決定過程に「参加」し，行政と対等な関係を築きながら「協働」することの重要性が指摘されている．地域住民と行政が相互に緊張関係を保ちながら対話し，役割分担を意識しつつ対等な関係を築くことが協働の土台をつくる．ケアリングコミュニティの形成においては，このような行政と住民との「過程重視の対等型協働」によるローカルガバナンスが求められるのである．

さらに④では「ソーシャルインクルージョン」すなわち「社会的包摂」のためのケアに関わる制度・政策のあり方が検討されている．社会的包摂とは「社会的に弱い立場にある人々を社会の一員として包み支え合う」ということだが，このようなケアについて考える際に留意すべきなのは，マイノリティの権利の問題である．そもそもマイノリティを生み出したのは誰なのか……つまり，地域における「社会的排除」の問題（差別的な処遇や住民間で生じる差別事象・差別意識等の問題）を抜きにして，社会的包摂のためのケアのあり方は構想できない．

最後に⑤では，必要な財源や人材を確保し，それらをケアリングコミュニティの形成のために運用していくマネジメント，すなわち「地域経営」の問題が提起されている．ここでは「与えられる福祉」にとどまらないためにも，例えば地域の取り組みを福祉産業として発展させることで雇用を創出したり，経営を目的とした生活関連分野の企業との連携システムを構築するなど，積極的な地域経営のモデルを蓄積していくことが求められている．

以上，原田（2014）の所論に依拠しながら「ケアリングコミュニティ」の視点について検討してきたが，原田は本論文の中で，このようなケアリングコミュニティ構築の取り組みを具体的に展開してきた地域として，長野県茅野市を取り上げている（同：95-100）．そこで次に，この長野県茅野市の事例について，さらに詳しく検討してみたい．

（3）パートナーシップのまちづくりに学ぶ
――長野県茅野市の場合――

「パートナーシップのまちづくり」とは何か――基本条例の概要

茅野市は，長野県中部・諏訪盆地の中央に位置する人口約５万5000人（2021年７月現在）の比較的小規模な自治体である．八ヶ岳西麓にある本市には，尖石（とがりいし）遺跡を始めとする縄文時代の遺跡群が存在し，縄文中期に製作された土器や石器等が多数出土している．また精密機械の製造を基盤とする工業都市でもあるが，高原という立地・自然条件を活かした高原野菜の産地としても有名である．

さて，この茅野市において「パートナーシップのまちづくり基本条例」が制定されたのは，2003年のことであった（茅野市 HP「茅野市パートナーシップのまちづくり基本条例」)．本条例の第３条によれば，パートナーシップのまちづくりとは「市民等が主体的にかかわり，市がそれを支援し，公民協働で取り組むまちづくり」だとされている．ここでいう「市民等」とは「市民，団体，NPO，事業者，滞在者」を，また「公民協働」とは「市民等と市が，それぞれの役割を認識し，目的達成に向けて一緒になって取り組むこと」を指している．以上のような定義のもと，本条例ではパートナーシップのまちづくりの基本原則を以下の５点にまとめている．

① 自主性の尊重：パートナーシップのまちづくりは，市民等のそれぞれの自主性に基づき行われるものとします．
② 市民等と市の信頼関係：パートナーシップのまちづくりは，市民等と市が対等，協力の立場において，お互いの信頼関係に基づき行われるものとします．
③ 情報の共有：市民等と市は，パートナーシップのまちづくりを推進するため，必要な情報をお互いに共有するよう努めるものとします．
④ 市民等の権利：市民等は，パートナーシップのまちづくりの企画，立案の段階から参画する権利を有します．
⑤ 市民等の役割：市民等は，自らがパートナーシップのまちづくりの主体であることを自覚し，パートナーシップのまちづくりに関する市民等の役割を果たすよう努めるものとします．

本条例では，このような基本原則を踏まえた「市の責務」についても明記されている（ちなみに，本市の首長部局には「パートナーシップのまちづくり推進課」という部署が存在する)．つまり茅野市では，先の原田が述べていた「行政と住民との『過程重視の対等型協働』によるローカルガバナンス」の理念を，条例という形で法的に規定し，実現させてきたのである．

基本条例制定の背景

それでは茅野市において，上記のような条例が制定されるに至った背景には，どのようなことがあったのだろうか．元茅野市の職員で健康福祉部長を歴任した中村安志によると，その背景には「市民の生涯学習に関する取り組み」と

「市長による公民協働の理念に基づく市政運営」があったとされている（中村 2014：279-281）.

まず前者の背景については，すでに1987年の段階で，従来から活発に取り組まれてきた地区公民館活動を基盤として地域全体で生涯学習に取り組むという「生涯学習都市構想」が提起され，翌88年には全国で４番目となる「生涯学習都市宣言」が行われている．その後，1995年に実施された「生涯学習市民意識調査」では，市民の生涯学習に対する意識が個人的課題から社会的課題へ，すなわち「個人の自己充足と自立」を目指すものから「学んだ成果の地域への還元（＝まちづくり）」を目指す方向へとシフトしていることが明らかとなった．そして，この調査の結果を踏まえ，市として取り組むべき重点課題を「地域福祉」「生活環境」「教育問題」の３つに絞り込み，これら課題の解決を中心に据えたまちづくりの取り組みを進めていくという方針が打ち出されたのである．

ちょうどその頃，1995年の統一地方選挙において，行政経験のない青年実業家から市長に当選した矢崎和広（在任期間：1995～2007年）が「公民協働」「市民・民間主導，行政支援によるパートナーシップのまちづくり」を掲げて市政運営に臨んだ（これが後者の背景である）．矢崎は，特に上述の３分野（地域福祉・生活環境・教育問題）において実際に活動している市民団体や事業者と日頃の課題意識を共有しながら，市民と行政が協働するための「市民主導型プロジェクト構想」を提起し，当該分野を担当する行政の部署が事務局となって，各プロジェクトの立ち上げが進められていく（矢崎 2003：218-236）.

中村によれば，当時，この市長の構想を受けて混乱したのは，行政の職員だったという．従来，行政の施策や計画はまず行政内部で素案段階にまでまとめ上げてから計画策定委員会や審議会に諮るというのが一般的な市民参加の手法であったため，企画・立案の段階から行政と市民が一緒になって考え一緒に実践していくという，この市民主導型プロジェクトは，当時の行政職員にとっては未踏の領域だったのである．また市民の側も，このようなプロジェクト型の手法は初めての経験であったようだが，「市民と行政が，共に知恵を出し合い，共に汗を流す」ことを通して，自分たちの提言が実際のまちづくりにつながっていくというプロセスを体感することができた．そしてこのような経験が，参加した市民にとっても大きな誇りと喜びとなり，さらなる主体的な取り組みに発展していく．その結果として誕生したのが「実践する提言集団（分野別市民ネットワーク）」であり，現在も先の「地域福祉」「生活環境」「子育て・教育」に加えて「情報化」「国際化」「施設運営」の分野でネットワークが構築されており，市民の側の主体的な活動としてきわめて重要な役割を果たしている．

地域福祉計画とまちづくり――「福祉21ビーナスプラン」の特徴

最後に，ケアリングコミュニティの形成においてコアの部分を占めると考えられる「地域福祉」の具体的な取り組みに焦点を当てておきたい．

この地域福祉の分野で「実践する提言集団」として活躍してきたのが「茅野市の21世紀の福祉を創る会」（通称：「福祉21茅野」）であるが，これは先の中村が市の福祉課高齢者福祉係長時代の1995年に，矢崎市長の指示を仰ぎながら発足に漕ぎつけた組織であった（中村 2014：281）．2018年現在，この会は「障害福祉部会」「高齢者保健福祉部会」「認知症部会」「生活支援部会」「福祉教育部会」「小地域支えあい部会」「生活困窮支援ネットワーク部会」の六つの専門部会を持っているが，それぞれの部会には，地域で障害福祉・高齢者福祉の活動に取り組むNPO等の民間団体や福祉施設の職員，医師，民生委員（児童委員），社会福祉協議会やハローワークの職員，スーパーマーケットや薬局の職員，郵便局長，保育士や学校教員等，総勢100名近くの多彩なメンバーが参加している（茅野市健康福祉部地域福祉課 2018：122）．

本組織の活動を基盤として，まず2000年に最初の「福祉21ビーナスプラン（茅野市地域福祉計画）」（2000～2009年）が策定され，その後「第2次福祉21ビーナスプラン」（2010～2017年）を経て，現在は「第3次福祉21ビーナスプラン」（2018～2027年）の時代に入っている．ここでは，この「第3次プラン」（同 2018）の内容に基づき，茅野市における地域福祉の取り組みとその特徴について考察を加えてみたい．

まずは，本プランの基本理念である．引用が少々長くなるが，前節で述べたケアリングコミュニティの具体的なあり方が，この理念の中にわかりやすく表現されているように思われるので，図終-1に全文を掲載する．

このような基本理念のもと，よりきめ細かな保健福祉サービスを実現させるために，本プランでは，図終-2のようなイメージで，住民の生活圏を「階層

基本理念１　一人ひとりが主役となり，「共に生きる」ことができるまち

一人ひとりの命（いのち）が尊ばれ，社会の中で一人ひとりが主役となり，同じ茅野市民として，平等な立場でお互いがそれぞれの存在を認め合いながら「共に生きる」ことができるまちをめざします．

基本理念２　生涯にわたって健やかに，安心して暮らせるまち

一人ひとりが，生涯にわたって安心して暮らせるよう，地域の中で精神的にも社会的にも自立し，その人らしく暮らせるように，個人の生活を総合的にとらえ，保健・医療・福祉の専門職員を始め，市民全員と社会資源とが一体となって支援しあうネットワークを構築するためのシステムを確立します．

基本理念３　ふれあい，学びあい，支えあいのあふれるまち

子どものときから生涯にわたって地域福祉を学ぶことを大切にします．
住民が地域福祉に関心を持つことによって，積極的に地域福祉活動へ参加できるようになり，ボランタリーな支えあいの意識の基に，住民が主体で進めていく支えあいの活動を盛り上げていきます．

基本理念４　すべての人にとって豊かで快適に生活することができるまち

全ての人が心豊かで快適に生活することができるまちにするために，様々な日常生活の不便を取り除き，居住環境・都市環境を整備し，子ども・家庭や障害者，高齢者が暮らしやすい障壁のないまちづくりを進めます．

図終－1　「福祉21ビーナスプラン」の基本理念

出典）茅野市健康福祉部地域福祉課『第３次福祉21ビーナスプラン』（2018：15-16）．

化」している（同：21）．

第１層の「諏訪広域圏」が最も大きく，第５層の「区・自治会」が最も小さな圏域であるが，この図の右端に示されているように，小さな圏域，すなわちより身近な生活圏では日常的な支え合いができ，また大きな圏域になるほど，公的で，より専門的なサービスが受けられるようなシステムが構想されている．

ちょうど中間の圏域にあたる第３層の「保健福祉サービス地域」は，中学校の通学区域を基本とする四つの区域で構成され，各区域に「保健福祉サービスセンター」が設置されている．本センターでは，行政の保健師やソーシャルワーカー，茅野市社会福祉協議会の職員及び訪問看護・介護・デイサービス等の民間事業者が同じ屋根の下で協力しながら業務を行い，住民の来館を待つのではなく「積極的なアプローチによる早期のニーズキャッチ」ができる体制がとられている（中村 2014：283）．

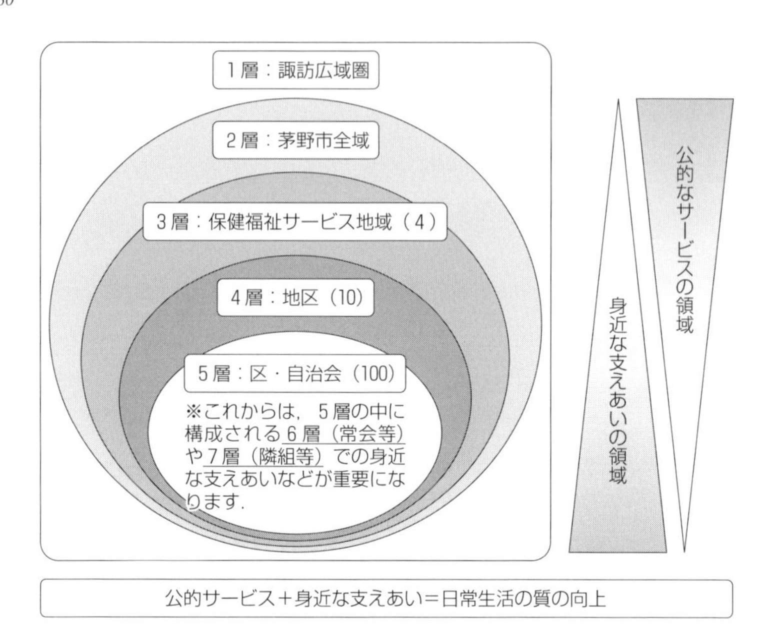

図終－2　生活圏の5つの階層と新たな階層のイメージ
出典）茅野市健康福祉部地域福祉課『第3次福祉21ビーナスプラン』（2018：21）．

さらに，この第3次プランで特に重視されているのが，第5層の「区・自治会」及びより小さな圏域の第6層「常会・町会・組」や第7層「隣組・互助組」である．これらは，回覧板や寄付等の集金，防災訓練やお祭り等の地区行事を行う際の単位となる最小の組織であり，要援護者の見守りや声掛けなどの「日常的で身近な支えあい」のための重要な領域として位置付けられている．

それでは，以上のような「生活圏の階層化」を基盤としたシステムは，具体的にどのように機能していくのだろうか．第3次プランの冒頭に「正夫さんの場合」と題した，10頁にもわたる長大なコラムがある．架空の人物として描かれている正夫さんは「ごく初期のアルツハイマー型認知症」と診断され，病院から保健福祉サービスセンターへ相談に行くことを勧められる．相談の結果，当面の対応を家族も交えて一緒に考える「認知症初期集中支援チーム」が，センターから正夫さんの自宅に派遣されることとなった．次に引用するのは，この自宅での正夫さんと家族，支援チーム及び地域の関係者とのやり取りである（茅野市健康福祉部地域福祉課 2018：2，※発言者名は筆者が加筆）．

正夫：最近はやることもなくて家にいたからなあ．

区長：それでもまだ軽い段階ずら？　そう言われりゃよく物忘れするなと思ってただが．

正夫：区長，それだわ，まだいろいろはちゃんとやれるんだけど，忘れることが多すぎてなあ．

地域の人：いろいろやれるんだったら，正夫さあ，正夫さあが始めてくれた「お助け隊」，また手伝ってくれねえか．俺たちも一緒にやるからよ．

地域の人：それと，公民館でもう一度認知症の勉強会を開いてみたらどうだい，区長．正夫さあのことは人ごとじゃねえし，正夫さあがここで暮らしていくのに困らないですむようにみんなで改めて理解を深めておくだぞ．

支援チーム：それはいいですね．サービスセンターのほうで講師を依頼しますよ．

地域の人：まだまだ正夫さあ，やれるうちはやれっちゅうことずら．認知症だなんだって言ったって正夫さあはここの住民だし俺たちの仲間だで，まだ活躍してもらわにゃ．

正夫：そうだな，家にこもってちゃいけねえんだったな．

支援チーム：奥さん，ご主人の場合，まだ記憶の障害が目立つだけなので，そこのところは奥さんが上手にカバーしながら，ご主人の持っている個性や力を十分発揮できるようサポートしてあげてください．何かあったら私たち支援チームがいつでもご相談に乗りますよ．

短い架空のエピソードではあるが，本市における保健福祉サービスシステムの現実の一端を，ここに垣間見ることができるだろう．以上のようなやり取りから，第３層及び第５～７層のシステムが有機的な関係を持ちながら機能している様子をイメージすることができるのではないだろうか．すなわち第３層の支援チームの役割（専門的な支援やアウトリーチの重要性），第５～７層の日常的な住民同士のつながりによる支え合い，そして当事者意識の醸成につながる「公民館での勉強会」に象徴される学習の意義など，このエピソードにはケアリングコミュニティの一つの理想形が表現されているように思われる．

4.「孤独・孤立」に立ち向かう
――地域づくりが目指すもの――

本章では，本書全体のテーマである地域づくりの意義について，改めていくつかの観点から考察を加えてきた．まず第2節では，近年，国際的にも注目されているソーシャル・キャピタルの研究に着目したが，本研究においては，地域づくり（コミュニティの形成）によって育まれる「人と人のつながり」が，経済発展や教育・福祉の向上，近隣の治安の向上や健康・幸福感の増進等，様々なメリットを生み出すことが明らかにされてきている．

また第3節では，「ケア」という観点から，地域づくりの意義について考察した．ケアとは，孤独の中にある「病む人」とつながり「共にある」という営みであり「コミュニケーションを絶やさない努力」だとされていたが，その意味では，人と人をつなぐ地域づくりの取り組み自体が，ケアの営みを生み出す重要な基盤となるのである．さらに，このようなケアの精神に貫かれた地域づくりのあり方について，「ケアリングコミュニティ」の視点から，長野県茅野市の事例を検討した．日常的な住民同士のつながりによる支え合いと専門機関・専門職によるサポートが有機的に連携した重層的な支援システムを，行政と市民が協働して創り上げていくこの「パートナーシップのまちづくり」は，まさにケアリングコミュニティの視点に立った地域づくりの具体的な事例として注目に値するだろう．

本章冒頭にも述べたように，現在は孤独や孤立の問題が，国の重要な政策課題となるまでに深刻化している．そして人と人の接触を阻むコロナ禍が，その状況に追討ちをかけている．しかし，本章で考察してきたことが示しているとおり，このような時だからこそ，なおさら「人と人のつながり」がきわめて重要な意味を持ってくるのである．たいへん難しい挑戦にはなるだろうが，新型コロナウィルスという「敵」の特性をしっかりと踏まえて可能な限りの対処をしながら，孤独や孤立の状況に悩み苦しむ人と「共にある」こと，「コミュニケーションを絶やさない」ことに注力する必要がある．加えて，そのような人と人のつながりによる支え合いを生み出す近隣住民やNPO等民間団体の活動を持続可能なものとし，それら民間の活動と専門機関・専門職による公的なサポートとの連携を通して重層的な支援が展開できるようなシステムを，地域の中に構築していくこと――すなわち「ケアリングコミュニティ」の構築――が求められている．その際，鍵となるのは，茅野市の事例が示しているように，やはり行政の役割である．地域住民や民間団体の思い，課題意識に学びながら，対等な立場で公民協働のまちづくりに取り組めるような行政のあり方が追求されねばならないだろう．

引用・参考文献

稲葉陽二（2011）『ソーシャル・キャピタル入門――孤立から絆へ』中央公論新社（中公新書）．

NHK「無縁社会プロジェクト」取材班編（2010）『無縁社会――“無縁死”三万二千人の衝撃』文藝春秋．

厚生労働省・地域保健対策におけるソーシャルキャピタルの活用のあり方に関する研究班（2015a）『住民組織活動を通じたソーシャル・キャピタルの醸成・活用にかかる手引き』．

厚生労働省・地域保健対策におけるソーシャルキャピタルの活用のあり方に関する研究班（2015b）『ソーシャルキャピタルを育てる・生かす！　地域の健康づくり実践マニュアル～あなたの“しごと”を点検しよう』．

滋賀大学・内閣府経済社会総合研究所（2016）『ソーシャル・キャピタルの豊かさを生かした地域活性化』．

茅野市健康福祉部地域福祉課（2018）『第３次福祉21ビーナスプラン（第３次茅野市地域福祉計画）』．

土橋善蔵・鎌田實・大橋謙策編集代表（2003）『福祉21ビーナスプランの挑戦――パートナーシップのまちづくりと茅野市地域福祉計画』中央法規出版．

内閣府経済社会総合研究所（2005）『コミュニティ機能再生とソーシャル・キャピタルに関する研究調査報告書』．

内閣府国民生活局市民活動促進課（2003）『ソーシャル・キャピタル――豊かな人間関係と市民活動の好循環を求めて』．

中村安志（2014）「市民と行政のパートナーシップ――福祉21ビーナスプランの挑戦と実践」，大橋謙策編著『ケアとコミュニティ――福祉・地域・まちづくり（講座ケア・第２巻）』ミネルヴァ書房，pp. 277-289（第13章）．

原田正樹（2014）「ケアリングコミュニティの構築に向けた地域福祉――地域福祉計画の可能性と展開」，大橋謙策編著『ケアとコミュニティ――福祉・地域・まちづくり

（講座ケア・第２巻）』ミネルヴァ書房，pp. 87-103（第４章）.
広井良典（2009）『コミュニティを問いなおす――つながり・都市・日本社会の未来』筑摩書房（ちくま新書）.
村上靖彦（2021）『ケアとは何か――看護・福祉で大事なこと』中央公論新社（中公新書）.
矢崎和広（2003）「市長が語る茅野市のパートナーシップのまちづくり」（インタビュー記録），土橋善蔵・鎌田實・大橋謙策編集代表『福祉21ビーナスプランの挑戦――パートナーシップのまちづくりと茅野市地域福祉計画』中央法規出版，pp. 218-236.
Putnam, R. D.（1993）*Making Democracy Work: Civic Traditions in Modern Italy,* Princeton University Press（ロバート・D. パットナム『哲学する民主主義――伝統と改革の市民的構造』河田潤一訳，NTT 出版，2001年）.
Putnam, R. D.（1995）Bowling Alone: America's Declining Social Capital, *Journal of Democracy,* 6: 1, pp. 65-78.（ロバート・D. パットナム「ひとりでボウリングをする――アメリカにおけるソーシャル・キャピタルの減退」坂本治也・山内富美訳，宮川公男・大守隆編『ソーシャル・キャピタル――現代経済社会のガバナンスの基礎』東洋経済新報社，2004年，pp. 55-76）.
Putnam, R. D.（2000）*Bowling Alone: The Collapse and Revival of American Community,* New York: Simon & Schuster Paperbacks（ロバート・D. パットナム『孤独なボウリング――米国コミュニティの崩壊と再生』柴内康文訳，柏書房，2006年）.
Travelbee, J.（1966）*Interpersonal Aspects of Nursing,* Philadelphia: FA Davis（J. トラベルビー『人間対人間の看護』長谷川博・藤枝知子訳，医学書院，1974年）.

参考ホームページ

茅野市 HP「茅野市パートナーシップのまちづくり基本条例」〈https://www.city.chino.lg.jp/soshiki/partnership/102.html〉（2021年８月29日閲覧）.

（岩槻知也）

おわりに
──地域づくりへの提言──

本書の基本的な課題は，第一に地域づくりのためのガバナンス組織のあり方，第二に地域づくりにおけるボランタリー組織の役割であった．最後に，この二つを中心に，本書全体をとおして気づいたことをまとめたい．

（1）ボランタリーセクターの活躍と未成熟

ボランタリー組織を核とした地域福祉の構築

西成区では，子ども家庭福祉，障害者福祉，高齢者福祉，生活支援が一体となった地域福祉推進体制が立ち上がり，その中に要保護児童対策地域協議会がしっかりと位置付けられている．ここで，まず確認したいことは，ボランタリー組織や市民による子どもや労働者等への長年の取り組みがその体制の基盤，推進力となっていることである．

本書の脱稿直前に村上靖彦（2021）に出会った．この著書は2014年以来「多いときには週に2，3回西成に顔を出して」（村上 2021：249）西成の子育て支援について記したものであり，「生存と幸福を可能にするコミュニティをどのようにつくることができるのか」（村上 2021：4）をテーマとしている．そして，その研究方法は，西成で活動する市民やボランタリー組織の中心的な人物へのインタビューをもとにしており，西成の子育て支援体制がボランタリーセクターを核として形作られていることを改めて印象付ける．なかでも，次の一文は印象的である．「虐待はプライベートな空間である家で起こる暴力だが，そこに支援が介入することで家が公共化する．しかし，この公共化をすぐに行政の介入にゆだねるのではなく，地域社会の自発的な動きのなかで取り組もうとする」（村上 2021：63-64）．「福祉における『地域』という語は，困難にある人が出すサインが，SOS へと翻訳され，受け止められる空間の拡がりのことでもあろう」（村上 2021：239）[1]．要するにプライベートな困難をボランタリー組織や地域社会が受けとめ，それを「公共化」する．それが地域づくりなのだろう．

信頼関係の構築と財政運営

高槻市富田地区の取り組みも，今日では子ども家庭福祉に傾斜しているが，元来，子どもだけではなくすべての地域住民を念頭においたまちづくりの取り組みであり，その中心にWAKWAKというボランタリー組織がある．さらに，その特徴は，そこに学校も含む行政組織や企業も巻き込んだ体制を作り，活動していることである．そして，そのような活動を可能としているのは，長年にわたるボランタリー組織の地域での取り組みである．この取り組みが，地域住民との信頼や行政機関との関係を培い，今日の活動の礎となっている[2)]．

また，このような活動の継続に欠かせないのがボランタリー組織の財政基盤である．WAKWAKが特に意識していることは行政の補助金に頼らない財政運営であった．英国のボランタリーセクターでは，個人からの収入が一番多いものの，近年政府機関からの収入，しかも補助金よりも委託契約による収入を増加させている．しかしそこには，ミッションや自律性の喪失というリスクを伴い，ボランタリー組織を悩ませている[3)]．我が国でも，ボランタリー組織が長年にわたって活動を継続させていくためには，WAKWAKに限らず財政基盤の確立，そのあり方は避けて通れない課題である．

ボランタリーセクターの未成熟

もっとも，ボランタリー組織の活動を英国と比較してみると，残念ながら日英の彼我の違いは歴然としている．英国のボランタリーセクターの全国組織NCVOのデータによると，2017/18年度で16万6592のボランタリー組織が英国にある．これらの組織はチャリティ委員会に登録された組織であり，すべて税制の優遇措置を受けている．それに対し，我が国のNPO法人数は，内閣府の2018年3月末の統計によると5万1867，税制の優遇措置を受けることのできる認定法人数は1064に過ぎない．英国でチャリティの登録制度が導入されたのが1960年，我が国のNPO法の施行は1998年である．また，英国のチャリティ活動の基盤にはキリスト教精神がある，という一面もある．このような歴史を背景に，ボランタリーセクターは英国社会にしっかりと根を張り，政策の形成・

実施にも重要な役割を果たしてきた.

もちろん，我が国でも本書の執筆者の活動など，地域づくりに卓越した活動を行っているボランタリー組織は少なからずある．しかし，西成区のボランタリーセクターの活動が，今日のように政治や制度に定着するには長い年月を要している．このようなことを考えたとき，英国とは異なる地域づくりの道筋が我が国には求められのではないか．例えば，ボランタリー組織を育てるという視点からの，行政の支援がより必要とされるのではないか.

（2）地域づくりを支える行政の役割

中央政府の役割

英国労働党政権の地域づくりは，地域に新しいガバナンス組織が形成され，そこにボランタリー組織も含めて多様な地域組織が参加し，取り組むものであった．一方でそのような地域づくりの体制を整えたのは，労働党の中央政府であった．そこでは，保守党が中央集権的，官僚的と批判し，研究者からも「規制国家」と批判的に論じられるほど，労働党政権は，政策立案だけではなく，基準設定等によって地域の組織をコントロールし，政策の推進力とした.

本書でも沖縄県の取り組みでは，中央政府が大きな役割を果たした．内閣府は沖縄県に年間10億円規模の補助金を提供した．そして，中央政府が使い道を居場所とソーシャルワーカーに限定し，その枠の中で各市町村が自治的に政策を立案・実施した．ただし，政策立案能力に長けた行政担当者と専門性の高いボランタリー組織を有する南風原町のような自治体と，国頭村のような小村とでは，自治体が有するリソースに差異がある．その差異が格差とならないよう，沖縄県が指導性を発揮している．このような中央政府と都道府県，市町村が役割分担を行いつつ一体となって体制を整備し，市町村内の多機関協働を推進するという方法は，ボランタリーセクターが未成熟な我が国の一つのモデルとなるし，ボランタリーセクターを育てることともなると考える.

したたかな地方財政政策と有能な行政担当者

ただ，この沖縄県への莫大な補助金は，沖縄振興予算（2016年度3350億円）の一環でありその背景には基地問題が存在する特異な補助金である．そこで着目したいのが明石市である．明石市では泉市長が中心となって「こどもを核としたまちづくり」を掲げ，子ども家庭福祉の充実に取り組んだ．そして，ここでの政策特徴は，貧困家庭等を選別的に対象とするのではなく，「すべての子ども」を対象とするユニバーサルな政策を基本としていることである．その結果，中央政府の補助金に頼ることなく，明石市に子育て世帯の移住を呼び込み，税収入を増やし，それを新たに政策の原資に充てるという，好循環を創り出していた．このように明石市の子ども家庭政策には，したたかな財政政策がそれを支えていた．

さらにもう一点付け加えておくべきことは，明石市では「こどもを核としたまちづくり」だけではなく，「誰も排除しないまちづくり」に取り組み，子ども家庭福祉だけではなく，地域福祉全体に視野を広げていることである．そして，このような政策展開にも「したたかな財政政策」は貢献している．

しかし，このような市長が率先する政策展開の裏返しとして，政策の形成・実施におけるボランタリー組織の影の薄さや，受け身的な市民の姿を感じてしまう．コロナ禍の中で調査が思うに任せず調査不足も否めないので，今後の課題としたい．

もう一つ忘れてはならないことは，自治体行政担当者の卓越性である．泉市長に限らず，今回調査させていただいた自治体職員の熱意，専門性に感服させられることが多かった．

ともあれ，こうした行政担当者の出現や活動をあてにばかりはしておられない．一般的には，中央政府による地域づくりのための法制度の整備，財源の提供は必要なのではないか．

（3）社会福祉協議会が生みだす「新しい共助」の可能性

社会福祉協議会を地域福祉の重要なアクターと捉えることは常識的であろう．本書でも沖縄県の那覇市や南風原町などでも社会福祉協議会は地域づくりのアクターとして登場している．そして社会福祉協議会を地域づくりの核とした事例が第2章の滋賀県の取り組みであった．ここで検討されたことは，社会福祉協議会が中心となって組織づくりや活動を行う「新しい共助の可能性」であった．そして，とりわけ，① 地域の営利・非営利の民間組織を巻き込んだ組織づくり，資金作り，② 子ども食堂を立ち上げ継続させるための組織的な支援，③ 高齢者施設や障がい者施設を活用した子どもの居場所づくり，にその「可能性」を見いだすことができる．中でも③の取り組みは，子ども家庭福祉と高齢者福祉，障がい者福祉を組合せた地域福祉のあり方として，地域づくりを考えるにあたってすこぶる興味深い．

先に指摘したとおり，民間組織が地域づくりの核として活動するためには，長い活動を通じての地域住民や行政との信頼関係の構築が大切な要素と考える．その点からしても長い歴史を持つ社会福祉協議会は適合する．しかし，課題も指摘されている．一つは，社会福祉協議会が持つ従来業務に追われ，地域づくりという新しい業務に関わる意識と余裕が乏しいこと，もう一つは，社会福祉協議会が育んできた体質＝行政からの自律性がどれほど担保されているのか，ということも懸念される．

このような課題を持ちながらも，社会福祉協議会は長い活動の歴史，専門性，何よりも福祉のあらゆる分野にそのテリトリーがあることから，地域づくりの重要なアクターとして期待される．滋賀県の今後の取り組みに注目したい．

（4）地域づくりの足掛かりとしての子ども食堂

本書でも触れられているとおり湯浅誠は子ども食堂を「ケア付き食堂」と「共生食堂」に分類している．前者は課題の重い子どもたちを対象とするもので，職員にも高い専門性が求められ，また，子どもと職員の１対１の関係が重視される．さらに，スティグマという観点から，居住する地域とは少し離れた場所にある子ども食堂に子どもが通う場合も想定される．それに対して後者は誰でもが気軽に立ち寄れる雰囲気が大切にされ，地域づくりという点からすると後者の方が適合的と言える．

そこで，沖縄県のケースで述べたとおり，小学校区レベルで地域に根差した子ども食堂や居場所があり，中学校区あるいはもう少し広い範囲で，専門性の高いボランタリー組織が指導的な役割を果たす，といった体制が理想的なのではないか．

（5）子ども家庭福祉（研究）から地域福祉（研究）へ

本書の目的は「地域づくり」を考えること，あるいはポスト福祉国家を念頭において「地域福祉」を考えることにあった．そのためには，子ども家庭福祉のみを考えるのではなく，障害者福祉や高齢者福祉，生活支援など地域福祉全般を念頭におく必要があった．確かに，本書の多くの章においてその記述は，地域福祉全般にも及んでいる．が，本書全体をとおして子ども家庭福祉についての記述が圧倒的に多い．その原因の一つに，我々執筆者が，これまで子どもを対象とした活動や研究に取り組んできたことが挙げられる．そこを基盤に，「子どもとその家庭を丸ごと支援する」という発想から，子ども家庭福祉以外の領域の福祉にも関心を及ぼしているわけだが，その専門性にはおのずと限界がある．

もっとも，これは我々だけの問題ではなく，多くの研究者が自らの専門分野の範囲の中で研究を進めている．それは致し方のないことだと思うのだが，そうならば異分野とりわけ多様な福祉分野の研究者や実践家との共同研究が欠かせない．

註

1）一方，村上の図書では，（ボランタリー組織の活動は）「法権利の外に置かれてしまっている人たちのために『手続き』をして，法権利に守られる状態をつくり出す」（村上 2021：71）というように，行政がボランタリー組織の活動の客体と位置付けられている側面が強く，行政の役割が軽視されているわけではないがその影は薄い．

2）同様に，山科醍醐こどものひろばも40年の活動の歴史がある．

3）谷川至孝（2018）『英国労働党の教育政策「第三の道」――教育と福祉の連携』世織書房，第Ⅱ部「第三の道」のキーアクター――ボランタリーセクターについて，参照．

参考文献

村上靖彦（2021）『子どもたちがつくる町：大阪・西成の子育て支援』世界思想社．

（谷川至孝）

あとがき

2021年11月20日，本書の執筆者の一人 岡本工介を中心に，「第三の居場所ネットワーク連絡会」が発足した．これは，高槻市内の子ども分野をはじめとした多様な活動を行う団体，企業，研究者等のネットワークを築こうとするものである．私が生まれ育った大阪府高槻市ではこれまで多くの住民運動が展開されてきた．私が高校進学の際には「地元高校集中受験運動」の洗礼を受けた．これは，1970年度に高槻市内に二番目の府立高校が開校するのをきっかけに，高校間格差をなくそうと市外にある進学校ではなく市内の二つの高校への進学を促す運動であった（実は，私は市外の進学校に進学したのだが）．

1984年に，全国で二番目に「教育委員準公選運動」を展開させたのも高槻市である．また高槻市は1973年に市立の養護学校を開校し，2005年の閉校まで30有余年にわたって独自に「障がい児教育」に取り組んできた．

私は，このような高槻市に生まれ育ったこと，こうした活動の末端にでも関わってくることができたことを誇りに思っている．そして（心身ともにかつてのようなエネルギーがわいてこないのも現実なのだが），今後もそうありたいと願っている．本書はそのような思いもあって執筆させていただいた．私は，大学院入学以来，英国をフィールドとしその教育や政治を研究してきた．そのテーマは，ケインズ主義的福祉国家でもなくニューライトでもない，「第三の道」の国家・社会を探求することであった．その集大成として2018年に前著『英国労働党の教育政策「第三の道」——教育と福祉の連携——』（世織書房）を上梓した．本書は，英国研究で得たそれらの知見をもとに我が国の事象を検討し，現実に私が住む社会の改善に寄与したいと思い取り組んだ研究である．このテーマは今日でも色あせていないと自負している．否，益々喫緊の課題となっている（2021年の総選挙では，新自由主義政党と評価できる「維新」が大阪の選挙区を席巻し，わが街高槻も例外ではなかった）．

最初に行った沖縄調査が2018年だったから，本書の出版に4年の歳月を要した．その間，多くの人々と出会い，研究を支えていただいた．本書の共同執筆者，幸重忠孝さん，村井琢哉さん，鈴木友一郎さん，岡本工介さんをはじめとして，多くのボランタリー組織や行政の方々に調査のご協力をいただいた．あらためて感謝の意を表したい．また，出版をお引き受けいただき，完成まで様々にご支援くださった，晃洋書房の山本博子さんにも御礼申し上げます．

ご厚意にお応えするためにも，本書が子どものウェルビーイングの増進に少しでも寄与できれば幸いである．

谷 川 至 孝

【附記】

本書は京都女子大学より出版経費の一部助成を受けている．

索　引

〈ア　行〉

〈カ　行〉

〈サ　行〉

〈タ　行〉

〈ナ　行〉

〈ハ　行〉

〈マ　行〉

〈ヤ　行〉

〈ラ　行〉

〈ワ　行〉

《執筆者紹介》（＊は編著者，執筆順）

＊谷川至孝（たにがわ　よしたか）[はじめに・序章・第1・3・4章・おわりに・あとがき]

京都女子大学教職支援センター特任教授
大阪府高槻市に生まれる．京都大学大学院教育学研究科博士後期課程 研究指導認定．博士（教育学，東北大学）．
立教英国学院（在英ボーディングスクール）で4年間子どもたちと寝食を共にし，その後，大学院に進学，英国教育政治研究に取り組んできた．近年は英国研究を基盤にフィールドを我が国にも広げている．主著は『英国労働党の教育政策「第三の道」――教育と福祉の連携――』（世織書房，2018年）．他に「日英における教育と福祉の連携――地域づくりの中の教育――」日本教育学会『教育学研究』86巻4号（2019年），「児童虐待の現状と支援」『発達教育学研究』14号（京都女子大学，2020年）．

幸重忠孝（ゆきしげ　ただたか）[第2・7章]

特定非営利活動法人こどもソーシャルワークセンター理事長，滋賀県教育委員会スクールソーシャルワーク事業スーパーバイザー，龍谷大学非常勤講師．
岡山県岡山市に生まれる．花園大学大学院社会福祉学研究科修士課程修了．社会福祉学（修士）．
主な研究テーマは，実践を通してスクールソーシャルワークに関わる教育分野における福祉課題についてと地域において独立型社会福祉士として子ども若者をまちの力で支える居場所づくりのモデル事業づくりとソーシャルアクション．主な著書に，『まちの子どもソーシャルワーク』（共著，かもがわ出版，2018年），「コロナ禍における子どもの居場所」『社会福祉研究』139号（2020年）．

村井琢哉（むらい　たくや）[第5章]

特定非営利活動法人山科醍醐こどものひろば理事長，関西学院大学人間福祉学部社会起業学科任期付助教．
京都市山科区に生まれる．関西学院大学大学院人間福祉研究科博士課程前期課程修了．社会福祉士．
主な研究テーマは，子どもを取り巻く困難とその環境に対して市民主体で改善に取り組める方法について研究に取り組む．2013年5月より当法人理事長に就任．子ども時代よりこの活動に参加．高校生からはキャンプリーダー，運営スタッフを経験．その後，副理事長，事務局長を歴任し，現職．京都府子どもの貧困対策検討会委員や大学非常勤講師なども務める．主な著書に，『子どもたちとつくる貧困とひとりぼっちのないまち』（共著，かもがわ出版，2013年），『まちの子どもソーシャルワーク』（共著，かもがわ出版，2018年）などがある．

鈴木友一郎（すずき　ゆういちろう）[第6章]

一般社団法人みんなのももやま子ども食堂副代表理事
東京都に生まれる．沖縄大学卒業．
沖縄市において子どもが育つ仕組みを考えたく2010年より子ども施策研究会を開催（現在まで44回開催に及ぶ）．2008年 沖縄市100人委員会子ども部会 副座長，2011年 沖縄市こども生活実態調査委員 副座長，2014～2015年 沖縄市子ども子育て会議児童部会 副部長を務める．2015年 沖縄県内で初の子ども食堂を立ち上げ（副代表理事），2016～2018年 沖縄県子どもの貧困対策有識者会議委員等の活動を行う．現在は，沖縄市で子どもを軸にした多世代を包括出来る仕組みと実践を模索中である．主な著作として，『沖縄子どもの貧困白書』（共著，かもがわ出版，2017年），『子どもの貧困ハンドブック』（共著，かもがわ出版，2016年），「子どもの居場所等の意義と関係機関等との連携に関する研究」『地域研究』No. 20（共著，沖縄大学地域研究所，2017年）．

岡 本 工 介（おかもと　こうすけ）［第8章］

一般社団法人タウンスペース WAKWAK 業務執行理事兼事務局長，関西大学人権問題研究室委嘱研究員，大阪市立大学非常勤講師，宝塚市人権審議会委員．
大阪府高槻市に生まれる．
2002年以来，毎年渡米し，およそ20年にわたってネイティブ・アメリカン居留区でラコタ族の人々と出会い，ともに生活する中で彼らの伝統的儀式や生き方，自然観に深くふれ親交を深める．また，放浪の旅の中，様々な国立公園やアメリカ南部を旅し，黒人公民権運動の指導者であるキング牧師のルーツを訪れる．旅の中で“ルーツを大切に生きる生き方”と“Community Of Trees”（様々な木々が育つ森を地域に創る）というヴィジョン（夢）をもちかえる．現在は，高槻市富田地域に基盤をおき，社会福祉士として社会的包摂のまちづくりに携わる一方で，大学の研究員や非常勤講師，市町村の審議会委員等も務める．

*岩 槻 知 也（いわつき　ともや）［終章］

京都女子大学発達教育学部教授
奈良県に生まれる．大阪大学大学院人間科学研究科博士後期課程中退．博士（人間科学）．
専門は，社会教育学・生涯学習論・成人基礎教育論．学齢期に教育を受けることができなかった成人の基礎的な学習の支援（識字教育）や日本に暮らす外国人住民に対する地域日本語教育の活動等に関心をもって実践・研究を続けてきた．主な著書に，『家庭・学校・社会で育む発達資産――新しい視点の生涯学習――』（共編著，北大路書房，2007年），『学力格差是正策の国際比較』（共著，岩波書店，2015年），『日本の教育をどうデザインするか』（共編著，東信堂，2016年），『社会的困難を生きる若者と学習支援――リテラシーを育む基礎教育の保障に向けて――』（編著，明石書店，2016年）などがある．

子どもと家庭を包み込む地域づくり
——教育と福祉のホリスティックな支援——

2022年3月10日　初版第1刷発行　　＊定価はカバーに表示してあります

編著者　谷川至孝　岩槻知也 ©
発行者　萩原淳平
印刷者　江戸孝典

発行所　株式会社　晃洋書房
〒615-0026　京都市右京区西院北矢掛町7番地
電話　075(312)0788番(代)
振替口座　01040-6-32280

装丁　吉野　綾　　印刷・製本　共同印刷工業㈱

ISBN978-4-7710-3582-9